Vera Knoll

55 Methoden Französisch

einfach, kreativ, motivierend

Auer

Gedruckt auf umweltbewusst gefertigtem, chlorfrei gebleichtem und alterungsbeständigem Papier.

1. Auflage 2017

Illustrationen: Thorsten Trantow, Stefan Lohr
Satz: Typographie & Computer, Krefeld
Druck und Bindung: Franz X. Stückle Druck, Ettenheim
ISBN 978-3-403-**07967**-5

www.auer-verlag.de

Methoden im Französischunterricht

Warum haben Sie sich diese kleine Handreichung gekauft? Vermutlich haben Sie ein wenig im Inhaltsverzeichnis nachgelesen oder durch Probeseiten, die online einzusehen sind, geblättert, und sind neugierig geworden. Denn zusätzlich zu den bereits fest im Unterricht von Fremdsprachen bzw. Französisch etablierten Methoden und didaktischen Hinweisen, wie z. B. das Vokabelheft, die Vokabelkartei, die TPR-Methode usw. enthält dieses Buch einige Ideen, die Ihren Französischunterricht nicht nur auflockern und abwechslungsreicher gestalten, sondern auch ihre Schüler[1] motivieren und auf heitere, unbewusste Art dazu bringen, in der Fremdsprache zu kommunizieren und sich im Gebrauch der Fremdsprache wohler zu fühlen.

Im vorliegenden Band werden Ihnen deswegen unterschiedliche Methoden vorgestellt, wie sie ihren Unterricht gestalten können und z. B. einzelne Themengebiete aufbereiten können. Die einzelnen Methoden beziehen sich zunächst auf den Wortschatzerwerb (Kapitel 1) und behandeln dann die Lese-, Sprach-, Hör- und Schreibkompetenz (Kapitel 2–5). Dann folgen Hinweise zu Selbsteinschätzung, Feedback und Vorbereitung (Kapitel 6) sowie eine Auflistung der Möglichkeiten der Leistungsbeurteilung (Kapitel 7).

Auswahl und Anwendung der Methoden

Die im vorliegenden Band beschriebenen Methoden entstammen der direkten Unterrichtspraxis und können eins zu eins im eigenen Französischunterricht umgesetzt werden. Die Anordnung der Methoden orientiert sich dabei an deren Komplexität. Es gilt, die jeweilige Methode nicht nur an die Jahrgangsstufe bzw. an das Lernjahr der Schüler anzupassen oder eine entsprechende Methode für den Unterricht auszuwählen. Sie müssen darüber hinaus berücksichtigen, dass in einer Klasse als heterogene Lerngemeinschaft die verschiedensten Lernertypen repräsentiert sind, sodass auch hierbei Rücksicht genommen werden muss bei der Auswahl der Methoden.

Für die im letzten Kapitel beschriebenen Möglichkeiten der Leistungsbeurteilung sollten Sie die Methoden auswählen, die Sie selbst als gewinnbringendste Varianten einschätzen. Dies ist natürlich wiederum abhängig von der Klassenstufe, der Aufbereitung der Unterrichtsinhalte und der Zusammensetzung der Lernergruppe. Generell gilt es jedoch, eine gesunde Offenheit gegenüber „alternativen" Formen der Leistungsbeurteilung zu entwickeln.

Ziel und Aufbau der Handreichung

Die Darstellung der 55 Methoden folgt einem einheitlichen Muster:

In der **Kopfzeile** erhalten Sie Hinweise darauf, ab welcher Jahrgangsstufe der Einsatz der jeweiligen Methode sinnvoll erscheint. Darüber hinaus ist die unge-

1 Aufgrund der besseren Lesbarkeit ist mit Schüler auch immer Schülerin gemeint, ebenso verhält es sich mit Lehrer und Lehrerin etc.

fähre Dauer der einzelnen Methoden angegeben. Diese soll jedoch nur ein Orientierungswert sein, denn in konkreten Unterrichtssituationen kann sie erheblich variieren.

Französisch wird am häufigsten als zweite Fremdsprache gewählt, beginnt also erst in der 6. Jahrgangsstufe. Weil es jedoch auch als erste Fremdsprache unterrichtet wird, ist bei den einzelnen Methoden in der Kopfzeile stets das Lernjahr angegeben.

Die Methode wird jeweils in einer **Kurzbeschreibung** vorgestellt. Die **Durchführung der Methode** gibt Ihnen Hinweise zur Umsetzung.

Am Ende jeder beschriebenen Methode finden Sie entweder **Beispiele** oder **Weitere Hinweise**, worunter ergänzende Informationen zur jeweiligen Methode, Varianten oder Alternativen aufgeführt sind.

Um Ihnen die Orientierung im Buch zu erleichtern, werden regelmäßig wiederkehrende Begriffe mit den folgenden Icons veranschaulicht:

 = Dauer 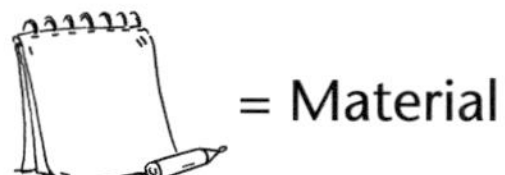 = Material

Der **Index** am Ende dieser Handreichung enthält alle hier dargestellten Methoden in alphabetischer Reihenfolge.

Viel Spaß beim Blättern in dieser Handreichung, und vor allem viel (Experimentier-) Freude für Ihren Französischunterricht!

Vera Knoll

1.1 Vokabelheft zweispaltig

20–30 Min. ab 1. Lj.

Kurzbeschreibung der Methode:

Damit das Vokabelheft eine echte Lernhilfe im Wortschatzerwerb sein kann, gilt es, den Schülern von Anfang an Techniken zu vermitteln, wie ein Vokabelheft zu führen ist.

zweispaltiges Vokabelheft

Durchführung:

- Die Schüler schreiben die neuen Vokabeln ohne orthografische Fehler in ihr Vokabelheft (französisch – deutsch) und lesen die neu eingetragenen Wörter aufmerksam durch.
- Anschließend wird eine Spalte mit einem leeren Blatt abgedeckt und die Wörter nacheinander in die jeweils andere Sprache übersetzt. Diese Übersetzung kann entweder in Gedanken erfolgen oder schriftlich auf dem leeren Blatt.
- Durch sukzessives Aufdecken der Wörter kann die Richtigkeit der Übersetzung in Gedanken bzw. auf dem Papier kontrolliert werden.
- Nun wird die andere Spalte mit einem leeren Blatt abgedeckt und dieselbe Vorgehensweise wie beim ersten Mal praktiziert.
- Es empfiehlt sich, schwer einzuprägende Wörter auf einem extra Blatt zu fixieren und gesondert zu wiederholen bzw. zu üben.
- Die Schüler sollen diese Wortschatzübung mehrfach wiederholen – am besten in sinnvollen Zeitintervallen auf eine Woche verteilt, an Stelle einer längeren bzw. zu langen, geballten Übungsphase.

Weitere Hinweise:

Diese Art des Wortschatzerwerbs bzw. der Wortschatzwiederholung macht nicht nur den Schülern zu zweit mehr Spaß, sondern hat zwei weitere Vorteile: Zum einen lernt bzw. wiederholt der Schüler die neuen Vokabeln in einer Art Wettbewerbssituation, zum anderen lernt bzw. wiederholt der Partner beim Abfragen dieselben Vokabeln.

Nachdem die Schüler neue Wortschatz-„Bündel" zum ersten Mal gelernt haben, müssen die neuen Vokabeln in unterschiedlichen Kontexten immer wieder gebraucht werden, um deren Verankerung im Langzeitgedächtnis zu gewährleisten.

In den unteren Jahrgangsstufen können beispielsweise immer wieder Bilder zur Visualisierung in den Unterricht integriert oder in speziellen Wiederholungsphasen gebraucht werden. In höheren Jahrgangsstufen können folgende Ideen Anwendung finden:

1. Die Schüler finden einen vom Lehrer umschriebenen Begriff. *(L: C'est la première page d'un journal.; S: La Une.)* oder umgekehrt, indem die Schüler den vom Lehrer genannten Begriff zu umschreiben versuchen *(L: La Une.; S: C'est la page la plus importante d'un journal.)*

2. Die Schüler bilden einen Satz oder erzählen eine kurze Fantasiegeschichte um einen von der Lehrkraft genannten Begriff *(L: métamorphose; S: Il était une fois une grenouille …)*.

Kurzbeschreibung der Methode:

Ein mehrspaltiges Vokabelheft bietet die Chance, nicht nur ein neues Lexem isoliert, sondern zusammen mit Synonymen, Antonymen und Wörtern aus derselben Wortfamilie zu verinnerlichen. Somit wird das neue Wort besser in bestehende Strukturen im Gehirn aufgenommen und gespeichert und ist leichter abrufbar. Darüber hinaus wird das Vokabular der Schüler ohne großen Mehraufwand beständig erweitert.

Vokabelheft

Durchführung:

Die Schüler verwenden entweder ein drei- oder ein vierspaltiges Vokabelheft. Die Aufteilung der Spalten für beide Optionen wird nachfolgend kurz grafisch dargestellt.

Variante 1: Dreispaltiges Vokabelheft

Französisches Wort	Wortfamilie / Synonym / Antonym	Deutsche Entsprechung
le bâtiment	*bâtir, terrain à bâtir*	*Gebäude*
vieux, vieil(le)	*vieillesse, vieillir* *≠ jeune*	*alt*

Variante 2: Vierspaltiges Vokabelheft

Französisches Wort	Wortfamilie	Synonym / Antonym	Deutsche Entsprechung
le bâtiment	*bâtir, terrain à bâtir*	*la maison*	*Gebäude*
vieux, vieil(le)	*vieillesse, vieillir*	*âgé(e), ≠ jeune*	*alt*

Die Vorteile der vierspaltigen Variante liegen darin, dass die Synonyme und Antonyme deutlich optisch abgegrenzt sind von den Wörtern, die zur Wortfamilie des jeweiligen französischen Lexems gehören. Darüber hinaus ist diese Variante platzsparender.

Kurzbeschreibung der Methode:

Insbesondere angesichts des Konzepts der Mehrsprachigkeit des Gemeinsamen europäischen Referenzrahmens (GeR) für moderne Fremdsprachen sollen die Schüler eine sogenannte transnationale Kommunikationsfähigkeit erlangen. Um die Vernetzung unterschiedlicher Sprachen sowie den Erwerb der Mehrsprachigkeit von Anfang an zu schulen bzw. zu ermöglichen, empfiehlt es sich, statt eines zweispaltigen, französisch-deutschen Vokabelhefts ein dreispaltiges Vokabelheft mit mehreren Sprachen zu führen. Eventuell können so auch einzelne Wörter aus den Herkunftssprachen von Schülern mit Migrationshintergrund für alle zugänglich gemacht werden.

Vokabelheft

Durchführung:

Das Lernen der Vokabeln erfolgt wie beim zweispaltigen Vokabelheft. Bisweilen wird das Erlernen neuer Lexeme auch dadurch erleichtert, dass die entsprechenden Vokabeln z. B. im Englischen ähnlich klingen und bereits bekannt sind.

Ein dreispaltiges Vokabelheft, das zugleich mehrsprachig angelegt sein soll, kann dabei wie folgt gestaltet werden.

Beispiel:

Français	Autres Langues	Allemand
l'histoire (f)	*(engl.) history* *(span.) la historia* *(ital.) la storia*	*Geschichte*
l'Italie (f)	*(engl.) Italy* *(ital.) l'Italia (f)*	*Italien*

Kurzbeschreibung der Methode:

Die Arbeit mit dem Vokabeltrainer fördert das nachhaltige Lernen von Vokabeln und kann den Unterricht sinnvoll ergänzen. Durch wiederholtes Schreiben wird die korrekte Schreibweise der einzelnen Wörter trainiert und lässt sich dadurch leichter einprägen.

DIN-A4-Blatt / Blätter mit 6–8 Spalten und ca. 15 Zeilen

Durchführung:

- Das Beispiel zeigt den Aufbau eines Vokabeltrainers zum Thema „les passe-temps". In den ersten beiden Spalten sind französische Beispielvokabeln und die deutsche Übersetzung vorgegeben. Die übrigen Spalten bleiben zunächst frei.
- Der Schüler liest die Begriffe und prägt sie sich ein. Anschließend klappt er die erste Spalte um und schreibt das französische Wort aus der Erinnerung in die freie dritte Spalte. Das Blatt wird dann wieder aufgeklappt, damit der Schüler die Richtigkeit der einzelnen Wörter überprüfen kann.
- Nun klappt der Schüler die ersten beiden Spalten um und trägt die deutschen Begriffe in die freie vierte Spalte ein, neben die von ihm geschriebenen französischen Wörter der dritten Spalte.
- Dieses System wird so lange fortgesetzt bis alle Felder beschriftet sind.

Beispiel:

Français	Allemand	Français	Allemand	Français	Allemand
la danse	*Tanzen*				
le cinéma	*Kino*				
le parachu-tisme	*Fallschirm-springen*				
le dessin	*Zeichnen*				
le patinage	*Eislaufen*				

Weiterer Hinweis:

Eine Blanko-Vorlage für einen Vokabeltrainer lässt sich schnell und einfach am PC erstellen und kann als Kopiervorlage dienen.

Kurzbeschreibung der Methode:

Eine Vokabelkartei oder Lernbox eignet sich auf vielfältige Weise zum Vokabellernen. Sie kann ohne großen Aufwand erstellt und fortlaufend erweitert werden und ist dabei individuell auf die jeweiligen Lernbedürfnisse angepasst.

Karteikarten, Karteikasten

Durchführung:

- Der Schüler beschriftet die Karteikarten (Vorderseite: französisch, Rückseite: deutsch) mit jeweils einem Begriff oder einem kurzen Satz. Die Karteikarten kommen dann in das erste Fach des Karteikastens.
- Die Wörter werden nacheinander geübt bzw. wiederholt. Die einzelnen Wortkarten wandern in das nächste Fach des Karteikastens, wenn der Schüler das Wort bzw. den Satz weiß. Ist dies nicht der Fall, bleibt das Kärtchen so lange im ersten Fach bis das Wort bzw. der Satz gewusst wird.
- Die Karten im ersten Fach werden täglich wiederholt, die Karten in allen anderen Fächern werden in einem selbst gewählten Rhythmus wiederholt, z. B. zweimal pro Woche, alle zwei Wochen etc. Es empfiehlt sich, die restlichen Fächer entsprechend zu beschriften. Werden die Wörter nach dem entsprechenden Zeitintervall gewusst, wandern sie wieder ein Fach weiter – so lange, bis sie im letzten Fach des Karteikastens angekommen sind. Nach einer letzten Überprüfung gibt es dann zwei Möglichkeiten: Entweder eine Karte wird aussortiert, wenn das Wort „sitzt", oder die Karte wandert zurück ins erste Fach, wenn das Wort nicht gewusst wird.

Weitere Hinweise:

Mit der Vokabelkartei können auch gezielt bestimmte Wortgruppen geübt werden.

- Karteikarten zu Konjunktionen und anderen textstrukturierenden Mitteln in der Oberstufe
- Karteikarten zu Auslösern des *Subjonctif/Indicatif*
- Ein Karteikasten kann auch dazu benutzt werden, gezielt Problemwörter zu wiederholen. Die Karteikarten mit den Problemwörtern können mit kleinen Zeichnungen und Beispielsätzen ergänzt werden, um das Einprägen zu erleichtern.

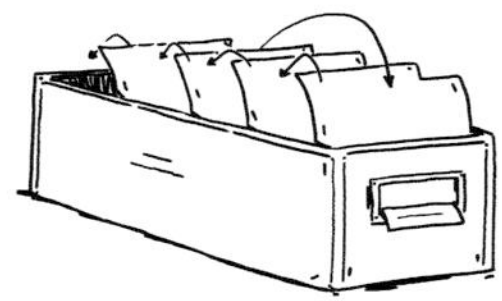

Kurzbeschreibung der Methode:

Die Ideensonne dient der Sammlung von einzelnen Gedanken ohne systematische Gliederung oder Ordnung. Sie ist hilfreich zur Reaktivierung bereits erlernter Vokabeln und kann helfen, sich neue Wörter aus einem inhaltlichen Bereich zu erschließen.

Heft im Querformat

Durchführung:

- Die Schüler sammeln Ideen und Wörter zu einem von der Lehrkraft vorgegebenen Begriff, der im Zentrum der Tafel/eines DIN-A4-Blattes etc. steht. Dabei kann die Ideensammlung entweder in Still-, Partner-, Gruppenarbeit oder im Plenum (durch Zuruf) erfolgen. Wird letztere Variante der Ideensammlung praktiziert, muss die Lehrkraft darauf achten, die Ideen ALLER Schüler in der Ideensonne zu fixieren, um kein Gefühl von Benachteiligung seitens der Schüler hervorzurufen.
- Während der Vervollständigung der „Sonne" mit den Ideen/Gedanken der Schüler, erhält die Lehrkraft einen Überblick darüber, wie ausgeprägt die Kenntnisse auf Seiten der Schüler zum entsprechenden Thema sind, und hat somit die Ausgangsbasis für die Weiterarbeit und Vertiefung der Kenntnisse visualisiert.

Beispiel:

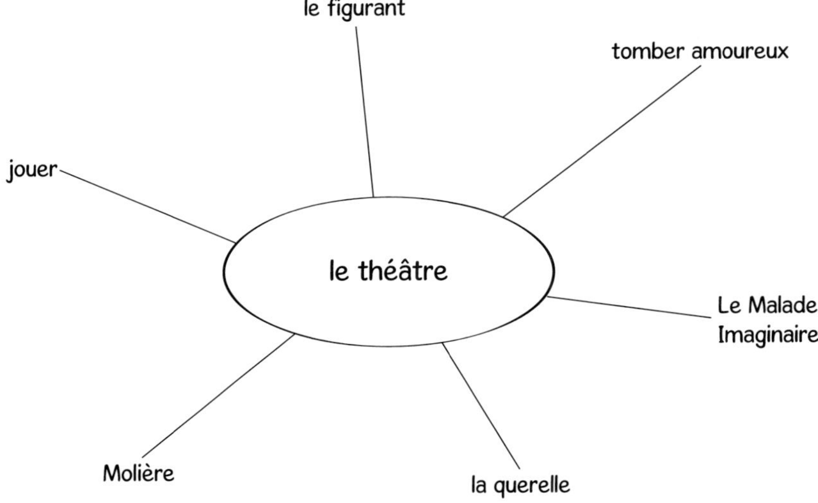

Kurzbeschreibung der Methode:

Mithilfe einer Mindmap beim Vokabellernen können Vokabeln zu unterschiedlichen Themenbereichen inhaltlich gegliedert, gesammelt und dann als Themeneinheit gelernt werden. Der Aufbau einer Mindmap erleichtert das Einprägen der einzelnen Lexeme, weil jene durch die inhaltliche Gliederung in einem bestimmten kontextuellen Rahmen gelernt werden.

Durchführung:

- Das Thema der Mindmap *(z. B. famille)* wird in der Mitte der Tafel fixiert. Von dort aus werden Äste zu Unterthemen *(z. B. personnes, maison / appartement, métiers / travail)* gezeichnet.
- Die Anzahl der Äste kann entweder von der Lehrkraft vorgegeben oder zunächst völlig offen gelassen werden.

Beispiel:

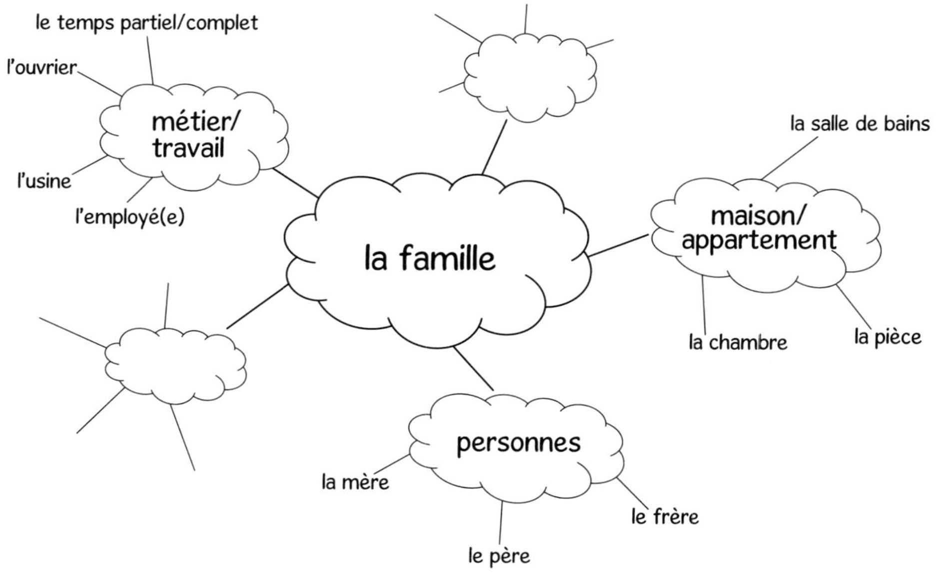

Weitere Hinweise:

- Das Mindmapping kann auch eine Weiterführung der „Ideensonne" sein (siehe Kapitel 1.6): Die Begriffe / Lexeme, die ohne jegliche inhaltliche Struktur gesammelt wurden, können mithilfe der Methode des Mindmapping in sinnvolle inhaltliche Einheiten gegliedert werden.
- Das Arbeiten mit Moderationskarten an der Pinnwand kann im Zuge des Mindmapping sinnvoll sein: So können einzelne Bausteine der Mindmap problemlos und ohne großen (Material-, Zeit-) Aufwand bewegt und neu angeordnet werden.

1.8 Vokabel-Domino

20–30 Min. ab 1. Lj.

Kurzbeschreibung der Methode:

Um eine höhere Behaltensquote zu erzielen, sollten Vokabeln auf unterschiedliche Arten gelernt und (regelmäßig) wiederholt werden. Eine kurzweilige und aufgrund ihres spielerischen Charakters sicherlich motivierende Möglichkeit der Wortschatzwiederholung bietet das Vokabel-Domino.

unbeschriftete Dominokärtchen

Durchführung:

- Die Schüler erhalten leere, gleich große (Kartei-)Kärtchen, die durch eine vertikale Linie in zwei Felder unterteilt sind.
- Die Lehrkraft gibt die Arbeitsanweisung, diese Kärtchen mit Vokabeln zu beschriften. Dies kann entweder in Einzel-, Partner- oder Gruppenarbeit geschehen. Dabei ist wichtig, dass jedem Schüler bzw. jeder Gruppe eine klar definierte Kategorie / Anzahl von Wörtern zugeteilt wird, aus welchen die Wörter für die Kärtchen stammen. Wird mit dem Wortschatzteil im Lehrbuch gearbeitet, kann die Lehrkraft exakt das erste und letzte Wort für jeden Schüler / jede Gruppe festlegen.
- Die fertigen Kärtchen sehen z. B. folgendermaßen aus:

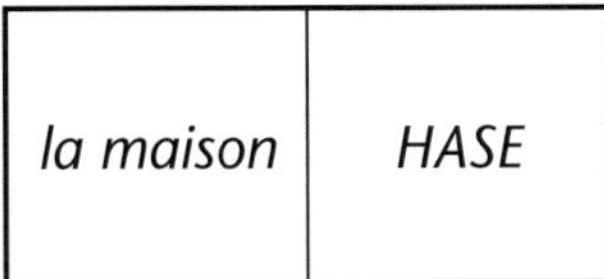

- Um die Verknüpfung der Kärtchen gewährleisten zu können, müssen dann Absprachen zwischen den einzelnen Schülern / Gruppen erfolgen, denn hat die eine Gruppe das o.g. Beispielkärtchen produziert, muss eine andere Gruppe auf einem Kärtchen das deutsche Wort „HAUS" stehen haben. Gleichermaßen muss eine andere Gruppe / ein anderer Schüler auf einem Kärtchen die französische Entsprechung für das deutsche Wort „HASE" notieren.

Weiterer Hinweis:

Es ist selbstverständlich auch möglich, Schülergruppen eigene Dominos erstellen zu lassen, ohne dass eine Absprache der Gruppen untereinander vonnöten ist. Wird dies angestrebt, empfiehlt sich die Vorgabe von bestimmten Themenbereichen, aus denen die Vokabeln benutzt werden sollen, z. B. „Les animaux", „Les couleurs" etc.

Kurzbeschreibung der Methode:

Vokabeln, die in Verbindung mit einem Bildimpuls gelernt werden, haben eine weitaus höhere Behaltensquote als jene, die ohne Bildimpuls gelernt werden. Daher eignet sich diese Methode hervorragend zum Einüben von Wortschatz, zur Festigung nach der Neueinführung von Wörtern sowie als Wiederholung.

laminierte Bilder, z. B. vom Inneren eines Supermarktes, eines Kinderzimmers usw., Haftnotizblock

Durchführung:

- Die Schüler sitzen in Kleingruppen an einem Tisch und erhalten ein Päckchen Fotos, z. B. vom Inneren eines Supermarktes. Jede Gruppe erhält allerdings ein anderes „Thema", d. h. ein anderes Bild mit anderen Gegenständen.
- Sie fertigen zu den Gegenständen Haftnotizen mit den entsprechenden französischen Termini an und kleben jene auf die Bilder. Dazu stehen den Gruppen fünf Minuten Zeit zur Verfügung.
- Nach fünf Minuten wechseln die Schüler im Uhrzeigersinn an einen neuen Tisch mit einem anderen Foto, auf dem bereits einige Haftnotizen kleben. Sie können jetzt weitere Wörter ergänzen.
- Kleben nach zwei bis drei Tischwechseln alle bekannten Wörter bereits auf dem Bild, können die Schüler über die Begriffe sprechen und versuchen, sie sich einzuprägen.
- Nach einem kompletten Durchgang (fünf bis sechs Tische, je nach Größe der Schülergruppe) erhalten die Schüler sämtliche Bilder auf einem Arbeitsblatt und müssen sämtliche Gegenstände nun nochmals benennen, sodass sie für sich eine Zusammenfassung vorliegen haben und erneut die Wörter aus dem Gedächtnis abrufen müssen.

Weiterer Hinweis:

Es ist auch möglich, Lexika bereitzustellen oder ein Online-Wörterbuch zu Hilfe zu nehmen, um den Wortschatz zu erweitern und weitere, noch nicht gelernte Begriffe zu verwenden.

Kurzbeschreibung der Methode:

Bei der TPR-Methode sollen Schüler lernen, sprachliche Äußerungen mit Bewegungen bzw. Aktionen zu verknüpfen. Die motorische Umsetzung der sprachlichen Äußerungen soll das Einprägen der Sprachstrukturen erleichtern. Zugleich kann die Lehrkraft mit TPR-Aktivitäten überprüfen, ob die Schüler das Gelesene richtig verstanden haben.

laminierte Karten / DIN-A5- oder DIN-A4-Blätter mit Handlungsanweisungen

Möglichkeiten der Durchführung:

- Die Lehrkraft notiert unterschiedliche Handlungsanweisungen auf laminierte Karten / DIN-A5- oder DIN-A4-Blättern *(„Ferme la fenêtre"; „Cherche quelqu'un qui porte des lunettes" etc.)*. Jeweils ein Schüler zieht eine Karte, liest die Anweisung laut vor und führt die Tätigkeit aus. Die anderen Schüler können kontrollieren, ob der Schüler die Anweisung bzw. den Text richtig verstanden hat.
- Eine Schatzkiste mit einem kleinen Geschenk kann auf dem Schulgelände versteckt werden. Die Lehrkraft bereitet eine Reihe von Handlungsanweisungen vor, die die Schüler auf ihrer Schatzsuche auszuführen haben bzw. Stationen, die sie auf dem Weg zum Schatz bewältigen müssen.
- Die Lehrkraft beschreibt mit 3–4 Sätzen einige Situationen auf Karteikarten. Die Schüler ziehen ein Kärtchen und setzen die beschriebene „Handlung" entweder so um, dass sie ein Bild malen oder dass sie die beschriebene Situation als Standbild / Pantomime szenisch darstellen.

Weitere Hinweise:

Die Schüler können in Gruppen von 2–5 Personen zusammenarbeiten und selbst Aktionskärtchen entwerfen. Nach einem festgelegten Zeitraum (15–20 Min.) werden die Karten gesammelt, in eine Box gesteckt und an die nächste Gruppe weitergegeben. Die Schüler der zweiten Gruppe ziehen nacheinander Kärtchen aus der Box und führen die Anweisungen aus, während die Schüler der ersten Gruppe dies überwachen und auf Richtigkeit kontrollieren.

Kurzbeschreibung der Methode:

Diese Übung zum Textverständnis kann sowohl in Einzelarbeit als auch in Gruppen von zwei bis fünf Schülern durchgeführt werden. Dabei sind unterschiedliche Textsorten (literarisch, sachlich) möglich sowie der Einsatz der Methode als Nacherzählung zur Nachbereitung einer Textanalyse.

Textschnipsel / Karten mit Sätzen eines Textes, Kontrollblatt mit dem Text

Durchführung:

- Der Lehrer bereitet eine Geschichte / einen Text derart vor, dass er ein Bündel mit einzelnen Textschnipseln oder Karteikarten mit jeweils einem Satz an die Schüler verteilt. Jene bringen die Bestandteile in eine sinnvolle Reihenfolge und setzen so den ursprünglichen Text zusammen. Zur Überprüfung muss die Lehrkraft ein (oder mehrere) Kontrollblatt (bzw. Kontrollblätter) bereitstellen.
- Arbeiten die Schüler in Einzelarbeit, kann jeder Satz mit einem Buchstaben bzw. einer Nummer versehen werden, und das Kontrollblatt die richtige Reihenfolge der Buchstaben bzw. der Nummern enthalten. Es ist ebenfalls möglich, aus den einzelnen Buchstaben ein Lösungswort zu bilden.

Beispiel:

Essaie de rassembler tous les morceaux du texte pour «créer» le texte original.

A	*Elle est malade en ce moment.*
B	*Mamie vit seule, parce que son mari l'a quittée il y a beaucoup d'années.*
C	*Mamie était très très triste, mais maintenant, elle va bien.*
D	*Enfin, elle ne s'est jamais bien entendue avec son (ex-)mari.*
E	*Il y a deux jours, j'étais en Suisse pour aller voir mamie.*
F	*Elle a accepté que c'était la meilleure solution pour tous.*
G	*Il avait trouvé une autre femme avec laquelle il voulait vivre pour toute sa vie.*
H	*Je lui ai apporté son gâteau préféré pour lui faire plaisir.*

Solution: E – A – H – B – G – C – F – D

Kurzbeschreibung der Methode:

Mit einem Standbild können komplexe Zusammenhänge und inhaltliche Strukturen vereinfacht dargestellt und so für die Schüler klarer und leichter verständlich werden. Ein Standbild ist sozusagen die Großaufnahme einer kleinen Szene, die Handlungen, Gefühle oder Beziehungen darstellt. Ein Standbild bietet der Lehrkraft sowie den übrigen Schülern die Möglichkeit, das Textverständnis einer oder mehrerer Person(en) zu überprüfen.

Durchführung:

- Je nach Szene bzw. je nach den darzustellenden Aspekten wird die Klasse in unterschiedlich große und unterschiedlich viele Kleingruppen aufgeteilt. Jeder Gruppe wird eine Textpassage zugeteilt, die sie zunächst lesen und hinsichtlich des darzustellenden Aspekts eigenständig besprechen. Zusätzlich müssen sich die Schüler entscheiden, wie sie Mimik, Gestik, Körperhaltung oder Position der Beteiligten im Standbild darstellen, um den Inhalt möglichst präzise abzubilden.
- In heterogenen Lerngruppen kann sich die Lehrkraft überlegen, pro Gruppe einen Regisseur (*metteur en scène*) einzuteilen, der den restlichen Gruppenmitgliedern hilft, ihre Textpassage möglichst treffend darzustellen.
- Das Standbild selbst sollte mind. 15 und max. 30 Sekunden als Standbild für die Klasse und die Lehrkraft sichtbar sein. Im Anschluss an das vorgegebene Zeitintervall kann das jeweilige Standbild gleich besprochen werden (z. B. mithilfe von Fragen an die Standbild-Darsteller, Kommentaren zu möglichen Modifikationen der Darsteller usw.) oder es werden zunächst alle Standbilder präsentiert, bevor eine Besprechung sämtlicher Darstellungen erfolgt.

Weitere Hinweise:

- Die einzelnen Standbilder können auch mit Fotos festgehalten und danach als Foto-Geschichte gestaltet werden.
- Zusätzlich zu den Fotos können Meinungen, Empfindungen usw. der Mitspieler in einer Art Blogeintrag gesammelt werden, sodass am Ende eine Geschichte um den ursprünglichen Text entsteht.
- Die Standbilder können ihrerseits als Grundlage für individuelle Schülergeschichten dienen, wobei deren Inhalt völlig frei gestaltet werden kann.

Kurzbeschreibung der Methode:

Viel zu oft fehlt im Schulunterricht die Zeit, sich dem Lesen zu widmen, obwohl dies ein so essenzieller Bestandteil des Fremdspracherwerbs ist, im Zuge dessen nicht nur die rezeptive Textverständniskompetenz geschult, sondern implizit auch Wissen über Sprache und Sprachkompetenz erworben bzw. trainiert wird.

ca. 50 französischsprachige Bücher zu verschiedenen Themen, dazu Feedback-Arbeitsblätter und Lesetagebücher

Durchführung:

- Pro Jahrgangsstufe sollte eine kleine *bibliothèque* mit französischen Lektüren zusammengestellt werden, wobei die behandelten Themen der jeweiligen Altersgruppe und den entsprechenden Interessen anzupassen sind. Der Umfang der Lektüren sollte variieren – neben kürzeren Geschichten sollten auch längere Werke in der *bibliothèque* enthalten sein. Ebenso gilt es, das sprachliche Niveau der Lernergruppe(n) zu berücksichtigen.
- Zur Einführung wird eine Schulstunde verwendet, in der die Lehrkraft den Schülern die Vorgehensweise erklärt:
  - Jeder Schüler wählt ein Buch aus, mit dem er beginnen möchte.
  - Es soll versucht werden, ohne viel Nachschlagen den Inhalt beim Lesen zu verstehen. Sollte es dennoch erforderlich sein, einzelne Wörter nachzuschlagen, sollen die Schüler eine Wortschatzliste während des Lesens anfertigen.
  - Nach dem Lesen sollte jeder Schüler kurz auf einem vorgedruckten Arbeitsblatt notieren, was ihm an dem Buch (nicht) gefallen hat, warum, ob und an wen er das Buch weiterempfehlen würde, ob er sich eine Fortsetzung wünscht etc. Hier ist die Lehrkraft völlig frei in der Gestaltung dieses Arbeitsblatts.
  - Die Lehrkraft kann die Feedback-Arbeitsblätter zu jedem Buch sammeln. Am Ende eines Schuljahres kann hieraus ein Projekt entstehen, wie z. B. das Verfassen einer Buchkritik durch die Schüler.

Weitere Hinweise:

In höheren Jahrgangsstufen kann ein kreativer Umgang mit den Büchern erfolgen. Hierbei steht dann nicht mehr nur das bloße Textverständnis im Vordergrund, sondern die aktive Auseinandersetzung mit dem Gelesenen. So könnten Schüler folgende Arbeitsaufträge ausführen:

- **Während des Lesens:** ein Bild / einen Comic o. Ä. zu einer Textpassage entwerfen; eine Textpassage / ein Kapitel als kleine Theaterszene darstellen.
- **Nach dem Lesen:** ein Interview mit dem Autor ausarbeiten und es als Theaterstück präsentieren; einen Zeitungsartikel über das Buch verfassen, in dem es als Neuerscheinung angepriesen wird und hohe Verkaufszahlen erreicht werden sollen; einzelne Textpassagen umschreiben bzw. in eine andere Textsorte verwandeln (z. B. WhatsApp-Kommunikation, Facebook-Post etc.).

Kurzbeschreibung:

Diese Lesemethode, die von Francis Robinson entwickelt wurde, zielt auf ein umfassendes Textverständnis ab. Auf dem Weg dahin müssen die fünf Stufen *Survey, Question, Read, Recite, Review* nacheinander durchlaufen werden. Auf diese Weise können die Schüler auch schwierigere Texte schrittweise bewältigen.

Durchführung:

1. *Survey:* Die Schüler sollten sich in dieser ersten Phase noch nicht mit dem eigentlichen Text auseinandersetzen, sondern vielmehr die Zusatzinformationen außerhalb des Textes wahr- und aufnehmen, um sich einen ersten Eindruck von Textsorte, Textstruktur, Autor etc. zu machen. In dieser Phase können Klappentexte, Unterüberschriften, Inhalts- oder Stichwortverzeichnisse, Kurzzusammenfassungen usw. behilflich sein.
2. *Question:* Vor dem Lesen sollten sich die Schüler überlegen, welche Fragen sie an den Text richten möchten, sodass sie sich klare Leseziele setzen: Worum geht es im Buch? Wer ist die Hauptperson? Wann lohnt es sich für mich persönlich, das Buch gelesen zu haben?
3. *Read:* Nach den beiden vorangegangenen Schritten geht es nun direkt an das Lesen des Textes. Dabei soll eine aktive Auseinandersetzung mit dem Text stattfinden, d. h. dass der Text auch anhand der in Schritt 2 erarbeiteten Fragestellungen gelesen und strukturiert wird. Hier sind Markierungstechniken von Vorteil: mit Farbstiften, Unterstreichungen oder kleinen Notizen am Rand können Passagen zusammengefasst oder strukturiert werden.
4. *Recite:* In dieser Phase können Schüler entweder alleine oder mit einem Partner aus der Gruppe arbeiten. Anhand der Notizen aus Schritt 3 und den Fragen aus Schritt 2 kann eine Zusammenfassung des Textes erstellt werden. Jene kann in einer Mindmap dargestellt werden, in einem Beziehungsdiagramm oder in tabellarischer Form, je nach Textart und -sorte.
5. *Review:* In dieser letzten Lesephase soll der Text erneut gelesen werden und zugleich die Richtigkeit der Zusammenfassung überprüft werden. Zugleich erfolgt in dieser Phase die Einordnung des Textes in den größeren thematischen Zusammenhang des Unterrichtsverlaufs.

Weitere Hinweise:

Diese Lesemethode sollte immer wieder praktiziert und eingeübt werden, bis sie zu einer Art Automatismus geworden ist. So wird den Schülern die Angst vor komplex(er)en Texten genommen und sie erfahren, dass sie selbst sehr anspruchsvolle Texte mithilfe dieser Vorgehensweise leicht bewältigen können.

2.6 Lautes Lesen

Kurzbeschreibung der Methode:

Gerade im Französischen haben viele Schüler Hemmungen davor, laut zu lesen – aus Angst vor Fehlern – und es fällt vielen schwer, dem Schriftbild des Französischen ein entsprechendes Klangbild zuzuordnen. Die Methode des lauten Lesens kann diesen Prozess unterstützen, weil eine sofortige Korrektur bzw. Verbesserung erfolgt. Darüber hinaus kann sowohl die Leseflüssigkeit in der Fremdsprache als auch die Sprachmelodie des Französischen beim lauten Lesen geschult und geübt werden.

Durchführung:

- Vor jeder Phase des lauten Lesens sollte den Schülern zunächst die Gelegenheit gegeben werden, den Text für sich im Stillen durchzulesen, nachzuvollziehen, die unterschiedlichen Sprecher/Rollen, Sprechabsichten und Sprechakte zu erkennen und entsprechend zu deuten. Neben dem Üben des zusammenhängenden Lesens sollten die Schüler zugleich geeignete Pausen in ihr Lesen einbauen.
- Im Anfangsunterricht empfiehlt es sich, Schüler über das laute Lesen in kleineren Gruppen – die die Lehrkraft dann abwechselnd „besucht", um zuzuhören und die korrekte Aussprache zu prüfen – an das laute Lesen im Plenum heranzuführen.
- Es ist u. U. sinnvoll, dass die Lehrkraft den zu lesenden Text zunächst selbst vorliest bzw. eine Audio-Aufnahme abspielt, damit die Schüler dem korrekten Klangbild zum Schriftbild begegnen. Danach kann in eine Gruppen-Übungs-Laut-Lese-Phase übergegangen werden.
- Als Möglichkeit der Differenzierung bieten sich Phasen der *lecture par deux* an, wobei die Kombination aus einem stärkeren und einem schwächeren Schüler bestehen sollte. Der schwächere Schüler kann beim lauten Lesen vom stärkeren „beobachtet" und ggf. verbessert werden.
- Generell sollte in Phasen des lauten Lesens versucht werden, das zusammenhängende, sinnunterstützende Lesen zu schulen, die richtige Betonung einzuüben und die französische Sprachmelodie zum einen zu entdecken, zum anderen sich selbst anzueignen.

Weitere Hinweise:

Das laute Lesen bietet sich darüber hinaus in denjenigen Unterrichtsphasen an, in denen Textsorten zur Betrachtung kommen. So klingt beispielsweise ein Märchen anders als eine Nachrichtenansage, eine verärgerte Großmutter anders als ein heiterer Gärtner …

Kurzbeschreibung der Methode:

Der *Concours de lecture* stellt eine Weiterführung der erläuterten Methode des lauten Lesens (siehe Kapitel 2.6) dar. Hierbei kommt es insbesondere darauf an, vorbereitete Texte mit entsprechendem Ausdruck vorzulesen bzw. vorzutragen und unterschiedliche Sprechrollen und Sprechhandlungen in ihrer jeweils eigenen, spezifischen Art und Weise zum Ausdruck zu bringen.

eine Auswahl an geeigneten Texten

Durchführung:

- Die Lehrkraft muss vor jedem *Concours de lecture* eine Auswahl von geeigneten Texten bereitstellen, welche sich nach dem Alter und den Interessen sowie dem Kenntnisstand der Lerner richten. Empfehlenswert sind hauptsächlich dialogisch strukturierte Texte bzw. Textpassagen, da sich hier ein Anknüpfungspunkt für die szenische Umsetzung bietet und darüber hinaus, das einfache Vorlesen einen zum Teil hohen Schwierigkeitsgrad der akkuraten Repräsentation der Rollen durch einen Schüler birgt.
- Die Schüler sollten die einzelnen Texte als Kompendium erhalten. Als Einstieg sollten alle Texte im Klassenverband laut gelesen werden, um Ausspracheschwierigkeiten zu beheben. Hierbei kann mit verteilten Rollen (in den Dialogen) gearbeitet werden.
- In einem nächsten Schritt erhalten die Schüler das Kompendium mit den Texten mit nach Hause, wo sie die Lektüre intensiveren sowie an ihrer Vortragstechnik feilen können. Hier sollten sich die Schüler im Text Notizen machen zu folgenden Aspekten: Lautstärke der Stimme, Tonhöhe, Lesegeschwindigkeit, emotionale Haltung, Pausen.
- Nach einem festgelegten Zeitraum (z. B. eine Woche) wird in der Schule der *Concours de lecture* veranstaltet. Dabei sollte die Lehrkraft nicht alleine Jurymitglied sein, sondern eine weitere Französischlehrkraft/Fremdsprachenlehrkraft und eine dritte Lehrkraft aus einer anderen Fachschaft mit in die Jury aufnehmen. Die Schüler sollten in der ersten Runde einen nach dem Zufallsprinzip gezogenen Text aus denjenigen, die in ihrem Kompendium enthalten sind, ziehen und vortragen. Für jede weitere Runde empfiehlt es sich, unbekannte Texte vorzubereiten. Sieger ist der Schüler, der die Jury mit seinem Vortrag am meisten überzeugt.

Weitere Hinweise:

Anstelle eines eintägigen Lesewettbewerbs mit zwei anderen Lehrkräften kann jener *Concours* auch nur im Französischunterricht stattfinden, wobei die Klassenkameraden die Jury bilden und nach jedem Vortrag z. B. durch Klatschen ihrer Bewertung des Vortragenden Ausdruck verleihen. Eine weitere Möglichkeit wäre das Anfertigen von Karteikärtchen, die für eine Abstimmung entsprechend mit den Namen der Vortragenden beschriftet werden müssen.

2.8 Vire-langues

variabel | ab 2. Lj.

Kurzbeschreibung der Methode:

Gerade Zungenbrecher machen nicht nur unglaublich Spaß und lockern jede Unterrichtseinheit auf, sie bergen auch großes Potenzial für das differenzierte, deutliche und flüssige Lesen in der Fremdsprache. So lernen die Schüler spielerisch und mit Spaß, deutlich und ohne großes Zögern zu artikulieren und oftmals ähnlich klingende Laute zu differenzieren.

Durchführung:

- Die Lehrkraft kann die *vire-langues* als Stundeneinstieg verwenden und pro Stunde jeweils einen vorlesen und mehrfach wiederholen lassen.
- Eine Überlegung wäre, in regelmäßigem Abstand (z. B. alle vier Wochen) eine Unterrichtsstunde den Zungenbrechern zu widmen, um Aussprache- und Lesetraining zu betreiben.
- Für fortgeschrittene Lerner kann die Lehrkraft Karteikarten mit jeweils einem Zungenbrecher in einer Box vorbereiten. Jede Stunde zieht ein Schüler eine Karteikarte und muss versuchen, den Zungenbrecher spontan fehlerfrei vorzutragen.
- Ähnlich wie beim *Concours de lecture* (siehe Kapitel 2.7) könnte eine heitere Stunde dazu benutzt werden, ein *Championnat de vire-langues* durchzuführen und in einem „Wettkampf" den besten Zungenbrecher-Leser zu ermitteln.

Beispiele:

- *Brigitte Bardot a un gâteau comme cadeau sur son bateau à Bordeaux.*
- *Trois tortues trottaient sur trois toits très étroits.*
- *Un chasseur sachant chasser sait chasser sans son chien.*
- *Je veux et j'exige d'exquises excuses du juge. Du juge, j'exige et je veux d'exquises excuses.*
- *As-tu vu le vert ver allant vers le verre en verre vert?*
- *Si ces six cent six sangsues sont sans sucer son sang, ces six cent six sangsues sont sans succès.*

Kurzbeschreibung der Methode:

Bei der Methode *Élèves autonomes* nimmt sich die Lehrkraft vollständig aus dem Geschehen heraus und steht den Schülern im Hintergrund beratend und unterstützend zur Seite, ohne selbst Einfluss auf die Lösung der gestellten Aufgaben zu nehmen. Neben den Fähigkeiten zur Texterschließung können die Schüler hierbei eigenständig agieren und so die Wirksamkeit ihres Handelns unmittelbar erfahren.

Texte für Gruppen, individuelle Arbeitsaufträge für jedes Gruppenmitglied

Durchführung:

- In Kleingruppen (vier bis sechs Schüler) bearbeiten die Schüler einen Text oder Textausschnitt, wobei jeder Gruppe exakt der gleiche Text vorgelegt wird.
- Jedes Gruppenmitglied erhält einen eigenen Arbeitsauftrag – somit wird jeder einzelne für genau einen Aspekt des Textes / Textabschnitts zu einem Experten.
- Die Schüler lesen den Text und führen ihren individuellen Arbeitsauftrag aus.
- Nach der Erarbeitungsphase beginnt ein Schüler damit, den Text mit den übrigen Gruppenmitgliedern anhand des ihm zugeteilten Aspekts zu betrachten bzw. zu erarbeiten. Je nach Belieben des Schülers kann er an seine Gruppenmitglieder Fragen stellen, ihnen eine Aufgabe vorgeben oder einzelne Aspekte des Textes selbst erklären.
- Nacheinander müssen alle Schüler mit ihren Gruppenmitgliedern den Text hinsichtlich der ihnen zugeteilten Aspekte erarbeiten und betrachten.
- Am Ende dieser Gruppenphase kann eine Plenumsphase erfolgen, in der die Ergebnisse von einzelnen Schülern präsentiert, evtl. durch die anderen Schüler noch ergänzt, oder noch offene Fragen geklärt werden.

Beispiele für Arbeitsaufträge:

- die Meinung des Autors herausfinden
- Worterklärungen finden lassen
- Ideen für die Fortführung des Textes / der Geschichte finden
- Textsortenkriterien suchen
- Vermutungen über die Zielgruppe des Textes anstellen
- den Zweck des Textes klären

Weitere Hinweise:

Die einzelnen Gruppen können am Ende ihrer Erarbeitungsphase auch ein Plakat zum Text erstellen, auf dem sie ihre wichtigsten Arbeitsergebnisse festhalten, und jenes anschließend dem Plenum vorstellen.

2.10 WebQuest

variabel | ab 3. Lj.

Kurzbeschreibung der Methode:

Weil auch im Unterricht das Internet eine immer größere Rolle spielt und insbesondere für den Fremdsprachenunterricht die Chance bietet, mit authentischen Materialien zu arbeiten, ist die Methode des *WebQuest* eine abwechslungsreiche Form der Unterrichtsgestaltung, bei der die Schüler nicht nur Informationen aus dem Internet zusammentragen sondern dabei zugleich vielfältige Teilkompetenzen schulen: die Unterscheidung von relevanten und weniger relevanten Gesichtspunkten, die gezielte oder globale Recherche im Internet, die Rezeption unterschiedlicher Textsorten usw.

ausreichende Anzahl an Computern mit Internetzugang

Durchführung:

Die Schüler arbeiten in Kleingruppen zusammen und bearbeiten jeweils eine konkrete Themenstellung, die sich aus dem Französischunterricht ergibt bzw. darin einbettet.
Die Lehrkraft setzt den zeitlichen Rahmen für die *WebQuest*-Durchführung fest und erläutert den Schülern, welche (v. a. inhaltliche) Aspekte sie bei der Bearbeitung ihrer Aufgabenstellung berücksichtigen müssen und welche Kriterien für die Benotung der Arbeiten ausschlaggebend sind.
Nach der Internetrecherche und Fixierung der Ergebnisse muss jede Schülergruppe ein Plakat, eine Wandzeitung o. Ä. zu ihrer jeweiligen *WebQuest*-Aufgabenstellung gestalten.
Die Schüler arbeiten die ganze Zeit eigenständig (am Computer); die Lehrkraft steht als Berater stets zur Verfügung, hält sich aber größtenteils aus den Arbeitsprozessen der Schüler heraus.

Beispiel für eine mögliche Aufgabenstellung :

Vous avez vu le film «Le Parfum» et maintenant vous voulez faire un voyage avec votre classe pour voir Grasse, la capitale des parfums. Organisez ce voyage, tenant compte que vous n'avez que 500 € par personne. Préparez un exposé pour vos camarades de classe et rédigez aussi une lettre à votre principal pour lui demander l'autorisation.

Kurzbeschreibung der Methode:

Die Schüler sollen von Anfang an herangeführt werden an den aktiven Gebrauch der Fremdsprache und sich daran gewöhnen, längere, zusammenhängende Aussagen zu formulieren. Das *Exposé minute* kann sowohl im Anfangsunterricht als auch in höheren Lernjahren entweder als Einstieg in eine Unterrichtsstunde oder als Ausklang einer Unterrichtsstunde verwendet werden. Das *Exposé minute* ist darüber hinaus eine ideale Möglichkeit der Vorbereitung auf den einleitenden Teil in mündlichen Schulaufgaben sowie der DELF-Prüfung, die jeweils mit einem *monologue* beginnen.

Stoppuhr

Durchführung

- Im Anfangsunterricht ist es am einfachsten für die Schüler, wenn sie eine Minute über sich und ihre Familie, ihre Hobbys, Freunde etc. sprechen dürfen. Dieses *Exposé minute* können sie gut zu Hause vorbereiten, sodass die Nervosität beim Vortragen und die Hemmung, sich in der Fremdsprache zu äußern, gering bleiben.
- Die Lehrkraft kann eine Liste mit Daten vorgeben, an denen jeweils ein *Exposé minute* von Schülern präsentiert werden soll, und durch Zuruf die Daten vergeben. Es sollte zugleich der Hinweis erfolgen, dass die Schüler nicht mehr explizit an ihren Termin erinnert werden, sondern dass sie gleich zu Beginn oder ganz am Ende der Stunde aufgefordert werden, ihren „Vortrag" zu absolvieren.
- In höheren Lernjahren kann das *Exposé minute* dahingehend abgewandelt werden, dass die Schüler nicht mehr über sich und ihr Umfeld berichten, sondern ein Thema (z. B. des aktuellen politischen Geschehens) aus einem Lostopf ziehen. Die Lehrkraft muss dazu verschiedene Themen auf Karteikärtchen vorbereiten, aus denen jeder Schüler eines wählt.
- Um die Schwierigkeit zu erhöhen, können die Schüler auch direkt in der Unterrichtsstunde, in der sie zur Präsentation ihres *Exposé minute* an der Reihe sind, ein Karteikärtchen ziehen und – ohne jegliche Vorbereitung – eine Minute über das gezogene Thema sprechen.
- Eine weitere Möglichkeit, die Schwierigkeit zu erhöhen, wäre es, den Schülern keine Daten zuzuteilen für ihr *Exposé minute*, sondern in der konkreten Unterrichtsstunde selbst einen Schüler aufzurufen.

Kurzbeschreibung der Methode:

Eine Abwandlung des *Exposé minute* stellt die Methode *Trois minutes à deux* dar. Sie dient ebenfalls – neben dem Abbau der möglichen Scheu vor dem aktiven sprachlichen Gebrauch des Französischen – der Vorbereitung auf mündliche Schulaufgaben oder DELF-Prüfungen. Man kann die *Trois minutes à deux* auch als regelmäßigen Einstieg in den Französischunterricht einbauen.

Durchführung:

- Die Lehrkraft gibt den Schülern ein Thema vor. Dieses kann in Worten formuliert sein, ein Bildimpuls, eine kurze Audio-Datei oder ein Video-Clip sein. Das Thema dieser Impulse muss dabei so global und alltäglich gestaltet sein, dass jeder Schüler dazu etwas beitragen kann.
- Nach der Präsentation des thematischen Impulses haben die Schüler drei Minuten Zeit, sich mit ihrem Sitznachbarn oder einem zugelosten Gesprächspartner über das Thema auszutauschen.
- Nach Ablauf der drei Minuten muss ein akustisches Signal gegeben werden. Nun erfolgt die Plenumsphase, in welcher einzelne Schüler ihren Beitrag zu dem thematischen Impuls laut artikulieren.

Weitere Hinweise:

Die Methode *Trois minutes à deux* eignet sich ebenfalls als Einstieg in eine Unterrichtsstunde, in der die mündliche Ausdruckskompetenz in der Fremdsprache im Zentrum steht. Nach der oben genannten Plenumsphase kann eine Diskussion über das präsentierte Thema folgen, im Zuge derer alle Schüler ihre Standpunkte artikulieren und diskutieren können.

Kurzbeschreibung der Methode:

Das *Speed Dating* als Mittel der Suche eines geeigneten Partners eignet sich hervorragend für das fremdsprachliche Klassenzimmer und bietet authentische Gesprächsmöglichkeiten in einem heiteren, kurzweiligen Lernarrangement.

akustisches Signal, z. B. Glocke

Durchführung:

- Das Klassenzimmer bzw. die Anordnung der Tische und Stühle wird auf eine der folgenden Arten umgestaltet:
  a) Die Tische werden alle aneinandergereiht; die Stühle auf jeder Seite der Tische werden so angeordnet, dass sich immer zwei Schüler gegenübersitzen und dabei ausreichend Platz sowie Abstand zum nächsten „Pärchen" haben, damit in angenehmer Lautstärke mit dem Gegenüber eine Konversation stattfinden kann.
  b) Die Tische werden in einer U-Form angeordnet; die Anordnung der Stühle ist wie bei Arrangement (a).
  c) Die Tische werden einzeln im Klassenraum verteilt (wie kleine Inseln); die Anordnung der Stühle ist wie bei Arrangement (a) und (b).
- Die Schüler beginnen bei einem Dating-Kandidaten. Nach einem zuvor festgelegten Zeitintervall, nach dessen Ablauf ein akustisches Signal ertönt, wechseln die Schüler (im / gegen den Uhrzeigersinn) den Dating-Partner.
- Die Dating-Runde wird so lange durchgeführt, bis jeder mit jedem potenziellen „Partner" gesprochen hat.

Weitere Hinweise:

- Neben der alltäglichen Kommunikation über Herkunft, Alter, Familie, Hobbys etc. können für das Speed-Dating auch Themen vorgegeben werden, die die Schüler dann mit ihrem „Partner" diskutieren müssen.
- Um dieser Methode einen eher spielerischen Charakter zu verleihen, könnte eine mögliche Aufgabenstellung auch lauten: *Tu vas parler à plusieurs personnes très célèbres. Pose-leur beaucoup de questions et prends des notes. Après que tu as parlé à tous les candidats, essaie de trouver leurs noms à l'aide de tes notes.*

Kurzbeschreibung der Methode:

Geht es im Französischunterricht bzw. Fremdsprachenunterricht allgemein darum, seine eigene Meinung zu kontroversen Themen zu artikulieren, herrscht oftmals betretenes Schweigen im Klassenzimmer, und letztendlich sind es immer dieselben drei oder vier Schüler, die es wagen, diese unangenehme Stille zu brechen und ihre Argumente vor dem Plenum vorzutragen. Mithilfe der *Boule de parole* wird die Rolle des Lehrers als desjenigen, der die Schüler zu Äußerungen zwingt und zugleich die Lehrerzentriertheit des Unterrichts aufgehoben.

Ball, idealerweise aus Stoff

Durchführung:

- Die Lehrkraft stellt ein kontroverses Thema vor, das innerhalb der Klasse diskutiert werden soll. Entweder kann dies als Einstieg in eine Stunde erfolgen, oder das Thema ergibt sich aus dem Unterrichtsverlauf bzw. der thematischen Einheit des Unterrichts „von selbst", sodass die Methode *Boule de parole* spontan eingesetzt werden kann.
- Die Lehrkraft muss den Ablauf kurz vorstellen und darauf hinweisen, dass auf alle Äußerungen der Schüler in keinem Fall mit negativen Reaktionen oder Kommentaren reagiert werden soll, sondern dass die Schüler jede Meinung akzeptieren und sich möglicherweise dann in ihrem eigenen Statement klar von vorherigen Aussagen distanzieren können.
- Nach der Themenformulierung wirft der Lehrer den Ball einem beliebigen Schüler zu und formuliert die Frage: *„Anna qu'est-ce que tu en penses?"* Nun ist Anna an der Reihe, ihren Standpunkt zum Ausdruck zu bringen. Ist sie mit ihrer Stellungnahme fertig, wirft sie den Ball zu einem Mitschüler und fragt: *„Qu'est-ce que tu en penses, Lukas?"* usw.
- Fehlt den Schülern Vokabular, um ihren Standpunkt aussagekräftig zu vertreten, muss die Lehrkraft den Schülern notwendige Strukturen an die Hand geben, möglicherweise auch auf einem Arbeitsblatt.

Weitere Hinweise:

- Durch die Methode *Boule de parole* kann auch zu einem Themenbereich Wortschatz erarbeitet werden: Wenn den Schülern im Laufe dieser Unterrichtseinheit Wörter / Strukturen fehlen, können jene an der Tafel notiert werden (z. B. als Mindmap, dessen Zentrum das Thema bildet) und ggf. auch in einem Hefteintrag oder auf einem Arbeitsblatt fixiert werden.

3.5 „Moi, je ...“

variabel | ab Kl. 8

Kurzbeschreibung der Methode:

Die Methode *„Moi, je ...“* eignet sich hervorragend für die Arbeit mit Texten und Bildern. Die Schüler schulen neben der mündlichen Sprachproduktion in der Fremdsprache ihr Empathievermögen in einem geschützten Raum, da ihnen eine Situation und zugleich eine Rolle vorgegeben werden.

Text / Bild, evtl. Overhead-Projektor oder Beamer oder Visualizer

Durchführung:

- Die Lehrkraft wählt einen Text oder ein Bild aus, welcher / -s mit den Schülern gelesen bzw. betrachtet wird.
- Anschließend notiert die Lehrkraft den Namen einer Person / Rolle aus dem Text / Bild an der Tafel. Ein Schüler stellt sich unter den Namen und soll nun die Gedanken und Gefühle der Person in einer Ich-Botschaft formulieren. Dabei ist es wichtig, den Schülern zu verdeutlichen, dass sie völlig in dieser Rolle und somit auch in der entsprechenden, vorgegebenen Situation „gefangen“ sind bzw. diejenige Person / Rolle sind.
- Arbeitet die Lehrkraft mit einem Bild, kann jenes an die Wand projiziert werden. Ein oder mehrere Schüler positionieren sich entweder sitzend oder stehend unterhalb der Person im Bild und äußern in einem Monolog ihre Gedanken in der jeweiligen Situation.

Weitere Hinweise:

In höheren Jahrgangsstufen kann das freie Sprechen auf einer literarischen Grundlage geübt werden: Es werden so Gedanken von Personen z. B. aus Lektüren verbalisiert.

Es wäre zu überlegen, eine Art Tagebuch bzw. Blog einer Romanfigur zu erstellen: Hierzu könnte man die monologischen Aussagen der Schüler zum Gefühlszustand / den Gedanken ihrer Rolle filmen und nachher entsprechend zusammenschneiden, sodass eine kurze Filmsequenz entsteht.

Kurzbeschreibung der Methode:

Nachrichten müssen deutlich und klar artikuliert werden, damit sie der Zuhörer verstehen kann. Dies muss umso stärker bedacht werden, wenn keine bildliche oder grafische Stütze den Prozess des Verstehens der Nachricht unterstützt. Neben einer deutlichen Artikulation lernen die Schüler durch die Methode des *Journal télévisé*, Inhalte prägnant zusammenzufassen und angemessen für eine Zuhörerschaft zu präsentieren.

Szenen aus Nachrichtensendung, Texte

Durchführung:

- Die Lehrkraft analysiert mit den Schülern z. B. eine oder zwei Szenen aus Nachrichtensendungen hinsichtlich der Präsentations- und Redetechnik. Dabei muss besonders auf die Länge einer Meldung, deren Struktur und Aufbau sowie die Stimmführung und Artikulationsweise des Nachrichtensprechers geachtet werden.
- Die Schüler erhalten Textvorlagen (entweder literarisch oder sachlich) oder einen Themenimpuls (z. B. *la semaine prochaine; l'année dernière …*), den sie entweder in Stillarbeit alleine oder in Partner- / Gruppenarbeit in eine Nachrichtenmeldung verwandeln. Die Dauer der Nachrichtenmeldung muss dabei von der Lehrkraft vorgegeben werden.
- Anschließend üben die Schüler zunächst in kleinen Gruppen von vier bis fünf Schülern das Präsentieren ihrer Nachricht, kritisieren sich dabei gegenseitig und versuchen, ihre Nachrichtenpräsentation zu verbessern.
- Am Ende der Unterrichtseinheit kann die Klasse eine Nachrichtensendung simulieren. Hierzu müssen ein Rednerpult oder ein Tisch und – wenn möglich – auch ein ansprechender Hintergrund (z. B. weißes Tuch aufhängen, Bild der Erdkugel projizieren …) bereitgestellt werden.

Weitere Hinweise:

- Die Klasse kann die einzelnen Nachrichten auch auf Video aufnehmen, zusammenschneiden und so ein eigenes *Journal télévisé* entwerfen mit Nachrichten, die z. B. auf die jeweilige Klasse oder Schule zugeschnitten sind.
- Eine Variante dieser Methode wäre beispielsweise die Präsentation von Horoskopen, sodass an Stelle eines *Journal télévisé z. B.* ein *Clin d'œil astrologique* präsentiert, gefilmt und zu einem Video gemacht werden kann.

3.7 Placemat

15–20 Min. ab 4. Lj.

Kurzbeschreibung der Methode:

Diese Methode eignet sich äußerst gut dazu, jedem Schüler ein „Podium" für seine Meinung, Ideen, Gedanken etc. zum jeweiligen Thema zu bieten und so einen gleichberechtigten Status aller zu kreieren und zu verdeutlichen. Im Fremdsprachenunterricht ist mit dem Placemat eine authentische Übung fremdsprachlicher Sprachproduktion verbunden.

Placemat, DIN A3 oder größer; evtl. Posterstifte

Durchführung:

- Die Schüler arbeiten in Vierergruppen und benötigen ein Poster mit vier Feldern sowie einem zentralen Kreis / Rechteck, um den diese Felder angeordnet sind. Jeder Schüler hat ein Feld, in dem er in einem ersten Arbeitsschritt seine Notizen zum vorgegebenen Thema festhält. Dies kann stichpunktartig, in Sätzen, in Form von Diagrammen und Zeichnungen geschehen.
- Nach der ersten Phase gibt die Lehrkraft ein Signal (Ansage, Ton etc.) und das Poster wird um 90 Grad bzw. ein Feld gedreht, damit jeder in der Vierergruppe das Notizfeld seines Nachbarn lesen kann. Dasselbe wird noch zweimal wiederholt, damit alle in der Gruppe alle Felder gelesen haben.
- Nach dieser zweiten Phase wählen die vier Gruppenmitglieder die drei wichtigsten Gedanken / stärksten Argumente / Ideen etc. aus und notieren jene in das zentrale Feld in der Mitte.
- Die letzte Phase der Placemat-Methode bildet die Präsentation der zentralen Gedanken jeder Gruppe im Plenum. Daran kann eine Diskussion der jeweiligen Aspekte anschließen.

Weiterer Hinweis:

Die einzelnen Gruppenplakate können ebenfalls als *Visite guidée du musée* (Museumsrundgang, siehe Kapitel 3.8) präsentiert werden.

Kurzbeschreibung der Methode:

Zur Einübung des Präsentierens eignet sich die Methode der *Visite guidée du musée* (Museumsrundgang) bestens, da die Schüler hier nicht vor dem Plenum sprechen / präsentieren, ggf. auch diskutieren oder argumentieren, sondern vor einer kleinen Gruppe von Schülern.

Schreibplakate

Durchführung:

- Die Schüler erarbeiten zunächst in (möglichst) gleich großen Gruppen unterschiedliche Aspekte oder Unterthemen einer übergeordneten Themenstellung. Die wichtigsten Gedanken und Ergebnisse werden dann von jeder Gruppe auf einem Plakat fixiert, wobei jene möglichst so formuliert werden, dass sich die anderen Schüler später provoziert, überrascht, schockiert etc. fühlen. So kann ein lebhafter, authentischer Austausch in der Fremdsprache entstehen.
- Am Ende der Erarbeitungsphase erhält jedes Gruppenmitglied eine Nummer, die für den zweiten Rundgang benötigt wird.
- Im ersten Rundgang betrachten die Schüler einzeln und unabhängig voneinander die unterschiedlichen Plakate und nehmen die Informationen darauf zur Kenntnis.
- In einem zweiten Schritt treffen sich alle Schüler mit der Nummer 1 am ersten Plakat, diejenigen mit der Nummer 2 am zweiten usw. Der Schüler, der das Plakat angefertigt hat, präsentiert den anderen die Ergebnisse seiner Gruppe, beantwortet Fragen dazu und diskutiert mit seinen Klassenkameraden bzw. „Gästen". Die Stationen werden so lange gewechselt, bis jeder Schüler alle Arbeitsergebnisse kennt.

Weitere Hinweise:

Die Schüler können zu ihren Plakaten auch kurze Vorträge halten, wobei die Zuhörer anhand der präsentierten Informationen entweder globale Notizen anfertigen oder ein vorgedrucktes Arbeitsblatt mit Lücken ausfüllen sollen. Wenn es die (Vorbereitungs-)Zeit und die Themenstellung erlauben, können authentische Gegenstände, kurze Audio- oder Videobeiträge, Zeichnungen etc. diese Vorträge auflockern und zusätzlich Nachhaltigkeit verleihen.

Kurzbeschreibung der Methode:

Insbesondere am Anfang sollte das globale und das detaillierte Hörverstehen in der Fremdsprache geübt und somit das Verständnis des Gehörten erleichtert werden.

Durchführung:

1. Avant l'écoute

- Die Lehrkraft präsentiert das Thema des Hörtextes; die Schüler notieren ihre Assoziationen dazu entweder individuell oder sie werden an der Tafel festgehalten.
- Die Schüler können, zusammen mit der Lehrkraft, den Kontext des Hördokuments besprechen und anhand von einfachen Fragen wichtige Eckdaten klären: *QQOQCCP: Qui? Quoi? Où? Quand? Comment? Combien? Pourquoi?*
- Die Schüler können zum Hördokument, nachdem ihnen das Thema oder auch bereits der Titel eröffnet wurde, eigene Fragen formulieren.
- Die Lehrkraft kann das Beziehungsgefüge der Personen im Hördokument vorstellen, sofern es sich um eine Aufnahme mit mehreren Personen handelt.
- Handelt es sich um ein thematisch eigenständiges Hördokument mit spezifischem Wortschatz, kann in dieser Phase eine Klärung zentraler Begriffe erfolgen.

2. Au cours de l'écoute

- *Questionnaire choix multiple*: Hierbei müssen die Schüler durch Ankreuzen von *vrai, faux, pas dans le texte* Fragen beantworten.
- Die Schüler können das Gehörte z. B. in Form einer Zeichnung etc. grafisch umsetzen.
- *Histoire illustrée:* Die Schüler bringen Teile einer Bildergeschichte in die richtige Reihenfolge.
- Eine Variante der *Histoire illustrée:* Es sind mehr Bilder vorhanden als Informationen im Hörtext, sodass zusätzlich diejenigen auszuwählen sind, die Teil des „Textes" sind.
- Bei einer Bildbeschreibung könnte man den Schülern ein fehlerhaftes Bild vorlegen, das anhand des Hördokuments berichtigt werden muss. Hierfür eignen sich z. B. die Farben.
- Sind vor dem Hören die oben erwähnten Fragen an den Hörtext formuliert worden, können jene während des Hörens (stichpunktartig) beantwortet werden.

3. Après l'écoute

- Wurde mit den oben erwähnten Fragen *(QQOQCCP)* gearbeitet, kann mit den während des Hörens angefertigten Notizen nun ein zusammenhängender Text verfasst werden, z. B. ein Zeitungsartikel, ein Klappentext für ein Buch etc.
- Nach Vorgabe mehrerer Zusammenfassungen des Hördokuments können die Schüler die korrekte Inhaltszusammenfassung zum Hörtext auswählen.
- Satzhälften können kombiniert werden, um korrekte Informationen hinsichtlich des Hörtextes wiederzugeben.
- Die Schüler könnten einen Titel für den Hörtext finden, sofern die erste Phase *(Avant l'écoute)* bewusst übersprungen wurde.
- Die Schüler können ihre während des Hörens gemalten Bilder präsentieren.
- Das Hördokument kann nacherzählt werden, z. B. in Form eines Rollenspiels.
- Die Schüler können das Hördokument „weitererzählen", z. B. ein Ende finden, eine Nachfolgegeschichte entwickeln o. Ä.
- Das Hördokument kann als Diskussionsgrundlage dienen, insbesondere in höheren Jahrgangsstufen.

Weitere Hinweise:

Wie auch in den meisten Leistungserhebungen, muss ein Hördokument mehrfach präsentiert werden. Während in den unteren Jahrgangsstufen oft eine dreifache Präsentation des Audiodokuments erforderlich ist, sind es in höheren Jahrgangsstufen nur zwei.

Kurzbeschreibung der Methode:

Bei der pantomimischen Umsetzung von Gehörtem wird schnell deutlich, ob die Schüler das Gehörte richtig verstanden haben. Darüber hinaus kann hierbei auf spielerische Art das Hörverständnis geschult werden.

Abspielgerät für eine Audio-Datei

Durchführung:

- Die Lehrkraft kann hier entweder selbst kurze Texte vortragen (weniger empfehlenswert) oder eine Audiodatei verwenden, die z. B. aus einem Film oder einem Hörbuch stammt. Es ist aber hier durchaus auch eine selbst gesprochene Datei denkbar.
- Die Schüler sollen das, was sie hören, in Gesten umsetzen, ohne dabei selbst Geräusche zu machen.
- Am besten ist es, wenn die Hörsequenzen relativ einfach umzusetzende bzw. darzustellende Handlungen / Körperhaltungen etc. beschreiben.
- Es ist wichtig, unterschiedliche Schwierigkeiten in die Hördokumente einzubauen: Variationen in der Sprechgeschwindigkeit, Hintergrundgeräusche (die einmal mehr, einmal weniger laut sind), mehrere Sprecher bzw. Stimmengewirr etc.

Weitere Hinweise:

- Nur ein Schüler hört eine kurze Szene über Kopfhörer, seine Klassenkameraden sehen das Textdokument (auf OHP-Folie, Beamer etc.) und kontrollieren so, ob ihr Freund das Gehörte richtig umsetzt.
- Nur ein Schüler hört eine kurze Szene über Kopfhörer, seine Klassenkameraden beobachten ihn und versuchen, den Inhalt des Hördokuments anhand der pantomimischen Umsetzung zu erraten. Die Auflösung erfolgt dann entweder durch den Schüler selbst oder die Lehrkraft.

4.3 Chasse au trésor

30–60 Min. ab 3.Lj.

Kurzbeschreibung der Methode:

Diese Art des Hörverständnistrainings ist eng verbunden mit Bewegung und hat nicht nur einen spielerischen Charakter, sondern spricht gleichermaßen die Entdeckerfreude sowie den Wettkampfgeist der Schüler an.

Abspielgerät für eine Audio-Datei

Durchführung:

- Die Lehrkraft muss die *Chasse au trésor* genauestens vorbereiten, damit alles funktioniert. Zur Vorbereitung gehören: geeignete Verstecke finden; sich eine Beschreibung zum Auffinden der kleinen Etappenziele zur Schatzkiste überlegen und jene als Audiomedium realisieren; (je nach Anzahl der Etappenziele) Bestandteile eines Rätsels überlegen, was in der großen Schatzkiste sein könnte.
- Die Schüler hören zunächst im Klassenzimmer das Hördokument und machen sich individuell Notizen: Sie müssen die Wegbeschreibung notieren, insbesondere die Zahl der Schritte zu den einzelnen Etappenzielen (hier könnten kleine Schatztruhen positioniert werden).
- Nachdem das Hördokument mehrfach präsentiert wurde, werden die Schüler in Gruppen von zwei bis fünf Schülern eingeteilt und vergleichen ihre Lösungen.
- In Abständen von zwei bis vier Minuten schickt die Lehrkraft jeweils eine Schülergruppe auf Schatzsuche. Der Zeitraum ist hierbei abhängig von der Entfernung des Schatzes und den unterschiedlichen Stationen auf dem Weg zur großen Schatzkiste.
- Die Schüler folgen der Wegbeschreibung und müssen an unterschiedlichen Stationen einen Teil des Rätsels suchen.
- Wenn die Schüler bei der großen Schatzkiste eintreffen, wird ihre Zeit gestoppt. Zusätzlich dazu müssen sie ihre Vermutung, was denn in der Kiste ist, äußern. Der schnellste, der zugleich die richtige Vermutung hat, darf die Kiste öffnen. (Darin sollte natürlich für alle etwas sein, aber doch ein besonderes „Zuckerl" für den Schnellsten.)

Weitere Hinweise:

- Da eine Schatzsuche nicht nur jüngere Schüler anspricht, sondern auch in höheren Jahrgangsstufen die Schüler motiviert, sollte im Falle fortgeschrittener Französischlerner das Hördokument entsprechend schwierig gestaltet sein. D.h. es müssen Hintergrundgeräusche eingebaut werden, möglicherweise kann eine verzerrte Stimme realisiert werden, die Zahlenkombinationen müssen den Tausender-Raum weit übersteigen.
- Anstelle eines Rätsels könnte man auch mit einer / mehreren Rechenaufgabe / -n arbeiten, sodass am Ende eine Zahlenkombination bei der großen Schatzkiste eingegeben werden muss.

4.4 Vrai ou faux?

variabel | ab 3. Lj.

Kurzbeschreibung der Methode:

Bei der Übung *Vrai ou faux?* kann das Hörverstehen spielerisch geschult werden. Zugleich wird das Textverständnis überprüft.

großes rotes und grünes Plakat

Durchführung:

- Das Klassenzimmer wird mithilfe eines großen roten sowie eines großen grünen Plakats sozusagen in zwei „Lager" geteilt.
- Die Lehrkraft trägt nacheinander Aussagen zu einem bereits besprochenen Text vor, die entweder richtig oder falsch sind.
- Die Schüler müssen sich innerhalb von zehn Sekunden, nachdem eine Aussage durch die Lehrkraft vorgetragen wurde, entweder bei grün (d. h. die Aussage ist korrekt) oder rot (d. h. die Aussage ist falsch) positionieren.

Weitere Hinweise:

- Dieses Spiel kann als Wettkampf zwischen einzelnen Schülern gestaltet werden. Dabei muss die Lehrkraft pro Aussage jeweils zwei Schüler aufrufen, die sich – entsprechend des Wahrheitsgehalts der Aussage – entweder auf der grünen oder auf der roten Seite positionieren sollen. Hat ein Schüler die richtige Seite gewählt, ist er in der nächsten Runde. Das Spiel muss so lange gespielt werden – selbstverständlich mit steigender Komplexität der Fragen – bis ein Sieger ermittelt ist. Diese Variante eignet sich insbesondere für längere Texte, zu denen man viele unterschiedliche Fragen formulieren kann.
- Wer nicht einzelne Schüler gegeneinander antreten lassen möchte, kann die Klasse in zwei Teams teilen, sodass die Schüler immer für ihr Team Punkte holen können. Nach einer festgelegten Anzahl an Fragen wird ein Siegerteam ermittelt.

Kurzbeschreibung der Methode:

Die Methode *Bricoler* eignet sich nicht nur zum spielerischen Schulen der Hörverstehenskompetenz, sondern bietet auch die Möglichkeit, fächerübergreifend (z. B. mit Handarbeit / Werken) zu arbeiten und die motorischen Fähigkeiten der Schüler auszubauen. Das Audiodokument gleicht dabei einer Handlungsanleitung bzw. Tätigkeitsbeschreibung.

Abspielgerät für eine Audio-Datei, evtl. Bastelmaterial

Durchführung:

- Die Lehrkraft muss im Vorfeld eine geeignete Audiodatei finden oder selbst erstellen. Hier könnte beispielsweise auch mit Do-it-yourself-Videos gearbeitet werden, die sich zuhauf online finden, wobei nur der Ton von Interesse ist.
- Die Schüler müssen die notwendigen Bastelmaterialien zur Verfügung und vor sich auf dem Tisch / der Arbeitsfläche liegen haben, wobei entweder jeder für sich arbeiten kann oder auch Teams gebildet werden können.
- Die Audiodatei sollte zwei- bis dreimal abgespielt werden. Beim ersten Hören sollen sich die Schüler nur auf das Hören konzentrieren. Beim zweiten Hören können sie Notizen anfertigen. Ein eventuelles drittes Hören kann dazu dienen, die Notizen zu überprüfen und ggf. zu erweitern oder zu verbessern.
- Nach der Hörphase sollen die Schüler ans Werk gehen und die gehörte Handlungsanleitung umsetzen.
- Am Ende können die Schüler ihre gebastelten Produkte den anderen präsentieren und – falls notwendig – erklären, warum ihr Gegenstand eine bestimmte Gestalt hat (in Abhängigkeit davon, was die Schüler jeweils beim Hören verstanden haben).
- Die hergestellten Produkte sollten – wenn möglich – dauerhaft im Klassenzimmer platziert werden; am besten so, dass man sie stets betrachten kann und sich gerne an diese Unterrichtseinheit erinnert.

4.6 Texte à trous

Kurzbeschreibung der Methode:

Bei textbasierten Hörverstehensaufgaben bietet es sich oftmals an, detailliertes Hören zu üben, um dem Hördokument detaillierte Informationen zu entnehmen. Für detailliertes Hören eignet sich jeder Text, u. a. auch die Lektionstexte in den Schulbüchern.

Abspielgerät für eine Audio-Datei, Lückentext

Durchführung:

- Der Lehrer muss den Audio-Text auch als geschriebene Textvorlage vorliegen haben bzw. erstellen. Dabei werden einzelne Lücken gelassen. Jene werden entsprechend des gewünschten Schwierigkeitsgrades ausgesucht. Es ist darauf zu achten, dass in die einzelnen Lücken bzw. Leerstellen im Text Wörter unterschiedlicher Wortarten einzusetzen sind.
- Die Schüler erhalten vor dem ersten Hören den Text mit den Lücken bzw. Leerstellen. Sie sollen vor dem Hören den Text einmal lesen.
- Nach dem ersten Hören sollen die Schüler nun versuchen, die Lücken zu füllen. Die Lehrkraft muss ihnen dabei einen angemessenen Zeitrahmen zur Verfügung stellen.
- Beim zweiten Hören können noch offene Lücken gefüllt und bereits ausgefüllte Lücken ggf. verbessert werden.
- Am Ende präsentiert der Lehrer den Text im Original, sodass die Schüler die Lücken eigenständig korrigieren können. Dies kann auf folgende Art und Weise geschehen: Entweder die Schüler verwenden den Text im Lehrbuch (wenn jener das Audiodokument darstellte), oder der Text wird auf Folie gedruckt / über einen Visualizer an die Wand projiziert.

Kurzbeschreibung der Methode:

Die Methode des *Téléphone arabe* eignet sich für Schüler aller Lernjahre und ist aufgrund ihres spielerischen Charakters nicht nur geeignet als Füllelement für die letzten fünf Minuten einer Unterrichtsstunde, sondern kann gezielt zur Schulung des Hörverständnisses eingesetzt werden, denn hierbei liegt der Fokus auf dem detaillierten, exakten Hören.

Durchführung:

- Für eine *Compétition* muss die Klasse in mindestens zwei Gruppen geteilt werden. Die Schüler stellen sich entweder hintereinander auf oder setzen sich hintereinander.
- Die Lehrkraft flüstert dem ersten Schüler einen (kurzen) Satz ins Ohr, der dann immer wieder an den Vordermann weitergegeben werden muss. Sobald der erste Schüler den ersten Satz „weitergegeben" hat, flüstert ihm der Lehrer einen zweiten Satz ins Ohr usw. Dies wird so lange gemacht, bis eine kleine Geschichte auf dem Weg zum vordersten Schüler ist.
- Der letzte Schüler, dem der Satz ins Ohr geflüstert wird, muss das Gehörte schriftlich an der Tafel / auf einer Folie o. Ä. festhalten.
- Nachdem die ganze (gehörte) Geschichte nun beim letzten Schüler angekommen ist, werden die schriftlichen Erzeugnisse bzw. Ergebnisse des *Téléphone arabe* laut vorgelesen. Die Gruppe, die eine Geschichte notiert hat, die der Originalgeschichte am nächsten kommt, hat das Spiel gewonnen.

Weiterer Hinweis:

In höheren Lernjahren kann dieses Spiel zur Schulung des Hörverständnisses auch mit Zungenbrechern durchgeführt werden, wodurch der Schwierigkeitsgrad enorm steigt.

Kurzbeschreibung der Methode:

Gerade am Anfang fällt vielen Schülern die eigene Textproduktion schwer. Sind die üblichen Adjektive *(grand, petit, beau, …)* sowie Farbadjektive bekannt und wurden u. a. auch Kleidungsstücke und Körperteile besprochen, kann hieraus ein authentischer, kurzweiliger Schreibanlass mit spielerischem Charakter kreiert werden.

Durchführung:

- Die Schüler erhalten den Arbeitsauftrag, sich eine Person im Klassenraum auszusuchen (evtl. nicht den eigenen Banknachbar) und jene zu beschreiben. Dafür kann die Lehrkraft entweder ein Arbeitsblatt vorgeben oder es den Schülern vollkommen selbst überlassen, wie sie eine andere Person im Klassenzimmer beschreiben.
- Nach der Schreibphase tragen einzelne Schüler die Beschreibung eines Klassenkameraden laut vor. Die übrigen Schüler können raten, wer jeweils beschrieben wurde.
- Am Ende kann der Lehrer die Texte einsammeln und auf Fehler korrigieren.
- In einem weiteren Schritt müssen die Schüler die korrigierte Version erneut „ins Reine schreiben" und beide Entwürfe – ihren ersten sowie die fehlerfreie, korrigierte Fassung – in einem Portfolio abheften.

Beispiel:

	Décris un de tes camarades de classe! Finis les phrases avec des adjectifs (de couleurs), des parties du corps ou des vêtements. 1. La personne est une fille / garçon 2. La personne porte … 3. Elle a les cheveux … 4. La personne a aussi un(e) / des …

Kurzbeschreibung der Methode:

Das Verfassen einer *Histoire composée* ist nicht nur in der Phase des Hinführens an das Verfassen fremdsprachlicher Texte geeignet, sondern kann ebenfalls den Unterricht auflockern und macht den Schülern viel Spaß, weil sie keinerlei Vorgaben zu befolgen haben und ihrer Kreativität und Fantasie freien Lauf lassen können. Zusätzlich motivierend wirkt die Aussicht auf ein lustiges Endprodukt.

Bildergeschichten

Durchführung:

- Die Lehrkraft teilt einzelne Bilder einer Bildergeschichte an die Schüler aus. Dabei muss darauf geachtet werden, dass Sitznachbarn keine Bilder erhalten sollen, die zusammen eine Abfolge in der Handlung darstellen bzw. erkennen lassen.
- Die Schüler verfassen innerhalb eines vorgegebenen Zeitrahmens eine lustige Geschichte zu ihrem jeweiligen Bild. Dabei soll die Lehrkraft ihnen zusätzlich den Umfang ihrer Texte vorgeben, z. B. *Écris environ dix phrases. / Écris environ une demi-page.*
- Nach der Schreibphase werden die Schüler in Gruppen zusammengesetzt. Die Größe der Schülergruppe richtet sich nach der Anzahl der Bilder, aus denen die Bildergeschichte besteht.
- Die einzelnen Schülergruppen sollen nun die Bildchen in die richtige Reihenfolge bringen und sich dementsprechend ihre kurzen Geschichtchen vorlesen.
- Im Anschluss daran können die einzelnen, langen Geschichten im Plenum vorgestellt werden.

Weitere Hinweise:

Die fertigen Fantasiegeschichten der einzelnen Gruppen können auch als Ganzes ins Reine geschrieben werden. So kann man sie z. B. als Poster im Klassenzimmer aufhängen, als kleines Lesebuch mittels eines Fadens zusammenbinden etc.

Kurzbeschreibung der Methode:

Gerade das Erstellen von Werbetexten stellt eine besondere Herausforderung für die Schüler und ihre Schreibkompetenz dar, da hier viele Informationen auf engem Raum präsentiert werden müssen. Dabei soll insbesondere auf die Wortwahl und spezifische „Rhetorik" von Werbetexten geachtet werden: direkte Anreden, eingängige Slogans, Reime, Wortspiele mit unterschiedlichen Sprachen etc. Das Verfassen eines Werbetextes fordert die Schüler nicht nur in ihrer Schreibkompetenz und Kreativität, sondern ist ein äußerst motivierender und abwechslungsreicher Schreibanlass.

verschiedene Werbetexte, DIN-A3-Plakat, Buntstifte, Plakatstifte, Overheadprojektor / Visualizer

Durchführung:

- Als Einstieg in die Thematik bietet es sich an, den Schülern verschiedene Werbetexte zu präsentieren und grob zu analysieren hinsichtlich einiger Kriterien, z. B. inhaltlicher Aufbau, Farbgestaltung, Rhetorik, Formulierungen, Satzbau.
- Im Anschluss daran gibt die Lehrkraft den Schülern Gegenstände / inhaltliche Aspekte / Veranstaltungen etc. vor, für welche die Schüler in Kleingruppen Werbetexte verfassen sollen.
- In einem vorgegebenen Zeitrahmen müssen die Schüler einen Werbetext für ein Produkt erarbeiten und entweder auf Folie (wenn mit dem Overheadprojektor gearbeitet wird) oder auf einem leeren Blatt (sofern mit Visualizer etc. gearbeitet wird) fixieren. Zusätzlich dazu sollen in den Gruppen Überlegungen hinsichtlich der grafischen Gestaltung des Plakats erfolgen.
- Nach der ersten Gruppenphase werden die Texte der einzelnen Gruppen dem Plenum präsentiert und kritisch besprochen. Dabei können die in der Einstiegsphase erarbeiteten Kriterien als Anhaltspunkt dienen.
- In einer zweiten Gruppenphase werden die im Plenum besprochenen Texte ggf. verbessert und dann auf dem Gruppenplakat fixiert und gestalterisch in Szene gesetzt.
- Den Abschluss dieser Arbeitsphase bildet ein Museumsrundgang (*Visite guidée du musée,* siehe Kapitel 3.8), bei dem die Schüler die Gelegenheit haben, alle anderen Plakate genau zu betrachten.

Weiterer Hinweis:

Es bietet sich an, die Werbeplakate in Form eines Wettbewerbs bewerten zu lassen. Hilfreich für die Schüler wäre es, wenn sie hierzu einen Kriterienkatalog zur Verfügung hätten. Jener kann wie folgt aussehen:

Évaluez les affiches de vos camarades de classe. Utilisez cette grille et donnez des notes pour chaque catégorie.

Texte	*1*	*2*	*3*	*4*	*5*	*6*
	Raison: ______					
Dessin(s)	*1*	*2*	*3*	*4*	*5*	*6*
	Raison: ______					
Couleur(s)	*1*	*2*	*3*	*4*	*5*	*6*
	Raison: ______					

→ Note: ☐

Kurzbeschreibung der Methode:

Die Methode der *Histoire itinérante* eignet sich hervorragend, um den Unterricht aufzulockern, das Wissen der Schüler über Wortarten umzusetzen und darüber hinaus ihre Kreativität zu wecken. Dadurch, dass die Schüler im Team zusammenarbeiten, wird zusätzlich die Gemeinschaft gestärkt und der Wettbewerbsgeist aktiviert.

Durchführung:

- Eine Schulklasse wird entweder in zwei Hälften geteilt oder in mehrere Kleingruppen.
- Die Lehrkraft teilt an jede Hälfte / Gruppe ein vorbereitetes Arbeitsblatt aus, auf dem das erste Wort bereits angegeben ist. Für jedes weitere Wort ist nur eine Wortart angegeben – die Wörter können sich die Schüler selbst überlegen.
- Das Arbeitsblatt geht reihum: Jeder Schüler darf nur ein Wort in der angegebenen Wortart ergänzen.
- Am Ende werden die Geschichten vorgelesen.

Beispiel:

Travaillez en groupe. Chacun de vous doit écrire un mot, puis passer la feuille à son voisin / sa voisine. La feuille doit circuler jusqu'à ce que vous ayez une histoire complète.

Une fille ________ ________ ________ ________. ________
(verbe) (adverbe) (préposition) (nom) (Pronom)

________ ________. ________ ________ …
(verbe) (verbe) (conjonction) (pronom)

Weitere Hinweise:

- Die *Histoire itinérante* kann auch als Wettbewerb gestaltet werden: Die erste Gruppe, die ihre Geschichte zu Ende gebracht hat, muss laut „Stopp" rufen und somit die Schreibphase für alle beenden.
- Die Lehrkraft kann die einzelnen Geschichten auch einsammeln, korrigieren, und in eine der folgenden Stunden an die Gruppen zurückgeben. Jene können die Geschichten dann ins Reine schreiben und z. B. in ihrem Portfolio abheften oder u. a. auch am Tag der offenen Tür der Schule mithilfe von Postern / Plakaten präsentieren.

Kurzbescheibung der Methode:

Bei der Methode der *Correction* handelt es sich, wie der Name bereits verrät, um eine Verbesserung eines Ausgangstextes. Die Schüler sollen durch das Rezipieren eines Textes, der unterschiedliche Schwächen und Fehler aufweist, ihr Bewusstsein für die eigene Textproduktion schärfen, und fremdspracheninhärente Fehlerquellen ausfindig machen. Darüber hinaus lernen sie durch die Verbesserung eines Textes von mittlerer Qualität, wie sie ihren eigenen Schreibstil modifizieren können. Diese Methode eignet sich hervorragend zur Vorbereitung einer *Production écrite* als Bestandteil einer Klassenarbeit. Deswegen muss darauf geachtet werden, dass die zu verbessernden Texte der Textsorte entsprechen, die für eine Prüfung eingeübt werden soll.

fehlerhafte Texte von mittlerer Qualität, Overheadprojektor / Visualizer

Durchführung:

- Die Lehrkraft teilt der Klasse einen Text aus, der unterschiedliche Fehler aufweist: grammatikalische, lexikalische, stilistische, Idiomatik-, Interpunktionsfehler etc.
- Die Schüler lernen kurz die wichtigsten Korrekturzeichnen kennen, z. B. Auslassungszeichen, Unterringeln als Kennzeichen einer Schwäche, Unterstreichungen zur Kennzeichnung von Wortschatzfehlern etc.
- Die Schüler erhalten die Anweisung, den Text so gut es geht zu verbessern. Zusätzlich motivierend kann es möglicherweise sein, wenn man den Schülern die Verwendung eines Rotstiftes gestattet, welche sonst nur den Lehrern vorbehalten ist. Die Schüler können dabei entweder alleine oder mit ihrem Partner zusammen vorgehen.
- Am Ende der Arbeitsphase muss der mit Fehlern behaftete Text entweder per Overheadprojektor oder mittels eines Visualizers (o. Ä.) präsentiert werden. Im Plenum werden dann gemeinsam Schwachstellen des Textes sowie die Verbesserungsvorschläge der Schüler besprochen.
- Damit die Schüler zum Vergleich auch einen guten Text vorliegen haben, an dem sie sich für eine eigene Textproduktion orientieren können, kann die Lehrkraft den verbesserten Ausgangstext in der folgenden Stunde austeilen.

Kurzbeschreibung der Methode

(Lebens-)Träume beschreiben, irreal anmutende Gedanken zu formulieren oder Wünsche äußern ist ein einfacher Weg, Schüler zur Textproduktion hinzuführen und zugleich die Si-Sätze, ein mehr oder weniger beliebtes Kapitel der französischen Grammatik zu wiederholen. Diese Art von Textproduktion, welche auch die korrekte Anwendung grammatikalischer Regeln miteinschließt, entspricht den didaktischen Forderungen nach kommunikativer Grammatik.

Stift und Papier

Durchführung:

Die Lehrkraft gibt den Schülern einen Satzbaustein in Form eines halben Si-Satzes vor und steckt zugleich einen Umfang an Wörtern für den zu verfassenden Text ab. Es ist zusätzlich zu überlegen, ob diese Textproduktion in den schulischen Unterrichtsablauf integriert oder ausgelagert und als Hausaufgabe gestellt wird.

Beispiele:

Die Lehrkraft könnte den Schülern u. a. folgende Satzanfänge vorgeben:

- *Si j'étais millionnaire …*
- *Si je n'avais pas d'amis …*
- *Si je vivais en France / Italie / Espagne …*
- *Si je devais faire une bonne chose chaque jour pour être heureux …*
- *Si j'avais 100 ans …*
- *Si je savais tout …*

Kurzbeschreibung der Methode:

Je mehr das Internet den Alltag der Schüler dominiert, umso eher verändert sich auch der Schreibstil der Kinder und Jugendlichen ebenso wie die Textsorten. Das Verfassen eines Blogs hat längst Einzug gehalten in die Abschlussprüfungen an weiterführenden Schulen, sodass insbesondere in der Vorbereitungsphase auf Abschlussprüfungen oder auch auf Klassenarbeiten diese Textsorte nicht außer Acht gelassen werden darf.

Computer mit Internetzugang

Durchführung der Methode:

- In einem ersten Schritt kann der Lehrer zusammen mit den Schülern verschiedene Einträge unterschiedlicher Blog-Arten online betrachten und hinsichtlich ihres inhaltlichen Aufbaus, ihrer sprachlichen und grammatikalischen Besonderheiten, ihrer Struktur und Gestaltung besprechen.
- Die Schüler entscheiden dann – entweder jeder für sich oder mehrere Schüler zusammen in einer Gruppe –, welche Art von Blog sie gerne schreiben würden, basierend auf den besprochenen Kriterien der einzelnen Arten von Blogs.
- Der Lehrer kann den Schülern Themen vorgeben oder ihnen bei ihrer Themenwahl völlige Freiheit gewähren.
- Nach der ersten Schreibphase – jene kann entweder auf die traditionelle Art und Weise mit Papier und Stift erfolgen oder bereits mithilfe eines Schreibprogramms am Computer – geben die Schüler ihre Texte der Lehrkraft zu einer groben Korrektur. Falls möglich, kann der Lehrer den Schülern bereits während der Schreibphase Hilfestellung bieten und ggf. auf Fehler aufmerksam machen.
- Nach der „Freigabe" der Texte durch die Lehrkraft werden sämtliche Texte digitalisiert und entsprechend grafisch gestaltet.
- Die Schüler drucken ihre Blog-Einträge aus und tragen sie im Plenum vor. Möglich wäre auch, auf die jeweilige künstlerische Gestaltung des eigenen Blog-Eintrags einzugehen. Entweder der Lehrer heftet die Einträge zusammen und hängt diese „Zeitung" an die Pinnwand im Klassenzimmer, sodass jeder den Klassen-Blog lesen kann, wann immer er möchte. Oder die Lehrkraft vervielfältigt die einzelnen Texte der Schüler und teilt die Klassenblogs an die Schüler aus.

Weiterer Hinweis:

Das Verfassen eines Klassen-Blogs eignet sich hervorragend als fächerübergreifendes Projekt mit IT, denn so kann der Blog wirklich im Internet realisiert werden, was die Aufgabenstellung umso authentischer und motivierender für die Schüler macht und möglicherweise den Ausgangspunkt bildet für eine fortlaufende Textproduktion bzw. Kommunikation in der Fremdsprache, da im Internet auf Einträge mit Kommentaren, Umfragebeteiligungen usw. reagiert werden kann.

Kurzbeschreibung der Methode:

Bereits von Anfang an ist es essenziell für Schüler zu wissen, welcher Lernertyp sie sind. Je weiter die Schüler in ihrem Lernprozess voranschreiten und je höher die Jahrgangsstufe, desto weniger Zeit haben sie, sich über ihren Lernertyp Gedanken zu machen. Deswegen bietet sich diese Analyse nach ein paar Wochen Fremdsprachenunterricht an, nachdem die Schüler verschiedene Lernmethoden bereits selbst ausprobiert haben.

Selbsteinschätzungsbögen

Durchführung:

- Die Lehrkraft muss den Schülern die einzelnen Lernertypen vorstellen und ihnen erläutern, was diese jeweils ausmacht. Darüber hinaus sollten die Schüler Gelegenheit haben, die unterschiedlichen Wege einmal selbst für sich zu versuchen.
- Nach ein paar Wochen des Französischunterrichts sollte die Lehrkraft einen Selbsteinschätzungsbogen an die Schüler austeilen, der gleich im Unterricht oder zu Hause von jedem Schüler ausgefüllt werden kann.
- Sollte es notwendig sein, kann die Lehrkraft den Schülern dabei behilflich sein, ihren Lernertyp zu ermitteln.

Beispiel:

Selbsteinschätzungsbogen zu Lernertypen

Name: ______________________	+	o	–
Wenn ich Wörter lerne, schreibe ich alle mehrmals aus dem Buch ab.			
Ich lese mir die Wörter im Vokabelteil ein paar Mal durch und kann sie dann.			
Wenn keine Bilder zu den Wörtern im Buch sind, kann ich sie mir nicht so gut merken.			
Ich kann mir am besten Wörter merken, wenn ich beim Lernen im Garten/im Haus auf und ab gehe oder wenn ich beim Lernen meine Hände etc. für Gesten benutze.			
Wenn ich einen Gegenstand betrachte oder berühre, schaue ich nach, was das französische Wort dafür ist und kann mir das sehr gut merken.			
Ich kann mir z. B. neue Wörter am besten merken, wenn sie mir jemand vorliest oder der Lehrer die Wörter (mehrmals) erklärt.			
Damit ich mir z. B. mehrere Vokabeln zu einem Thema gut merken kann, mache ich mir eine Mindmap dazu.			

Ich bin ein ______________________ Lernertyp.

Kurzbeschreibung der Methode:

Weil man als Lehrkraft in einer Klasse mit den unterschiedlichsten Lernertypen und, demzufolge auch unterschiedlich geeigneten Methodenvielfalt der Vermittlung der Unterrichtsinhalte, konfrontiert ist, empfiehlt es sich, verschiedene Methoden in einer Klasse zu testen und die Schüler im Anschluss an eine Arbeitsphase, wie z. B. dem Stationenlernen, einen Selbsteinschätzungsbogen ausfüllen zu lassen. Jener dient nicht nur den Schülern als Reflexion über die abgeschlossene Arbeitsphase sowie als Möglichkeit, ihre Lerneffizienz zu steigern, sondern auch der Lehrkraft als Orientierungshilfe für die geeignete Methodenwahl für die Lernprozesse innerhalb einer betreffenden Klasse.

Selbsteinschätzungsbögen

Durchführung:

- Die Lehrkraft bespricht die Selbsteinschätzungsbögen mit den Schülern einer Klasse und verweist insbesondere auf deren Zweck und Potenzial im Hinblick auf die Arbeitstechniken und Lernertypen der einzelnen Schüler.
- Nach jeder „neuen" Methode sollten die Schüler einen derartigen Bogen ausfüllen, der Lehrkraft geben und ggf. mit der Lehrkraft besprechen, insbesondere wenn sich Schwierigkeiten ergeben.
- Im Anschluss an die Besprechung eines Selbsteinschätzungsbogens mit der Lehrkraft können evtl. Zielvereinbarungen zwischen Lehrkraft und Schülern getroffen werden, damit beim nächsten Mal etwaige bestehende Schwierigkeiten bewältigt werden.

Beispiel:

Selbsteinschätzungsbogen zur Arbeitsmethode „Stationenlernen"

Name: ______________________ **Datum:** ________________	++	+	o	–
Am Stationenlernen allgemein …				
… mag ich, dass ich in meinem eigenen Tempo arbeiten kann.				
… mag ich, dass ich mal alleine, mal mit einem Partner zusammen Aufgaben bearbeiten kann.				
… mag ich nicht, dass ich selbstständig arbeiten muss.				
Während des Stationenlernens …				
… habe ich oft Schwierigkeiten, Aufgabenstellungen zu verstehen.				
… fühle ich mich oft von den anderen abgelenkt.				
… fühle ich mich unter Druck gesetzt, wenn die anderen schneller sind als ich.				
… konzentriere ich mich einfach auf mich selbst und nehme die anderen nicht wahr.				
… kann ich mir Hilfe holen, wann immer ich Hilfe brauche, und muss nicht vor allen anderen Fragen stellen.				
… habe ich Spaß, weil ich in meinem Tempo arbeiten kann.				
… fühle ich mich sicherer als in gemeinsamen Arbeitsphasen, weil ich meine Aufgaben eigenständig kontrollieren und so meine persönlichen Fehler besser verstehen und einschätzen kann.				

6.3 Tagebuch für die Vorbereitung auf eine Klassenarbeit

variabel | ab 1. Lj.

Kurzbeschreibung der Methode:

Nicht nur das Wissen um den eigenen Lernertyp, auch die Art der Vorbereitung auf Klassenarbeiten und Prüfungen jeglicher Art sind ein essenzieller Bestandteil des Lernprozesses bzw. der Schullaufbahn von Schülern. Da insbesondere die Vorbereitung auf Prüfungen oft unkoordiniert abläuft, kann ein Tagebuch hilfreich sein, um jene systematischer zu gestalten und so bessere Erfolge zu erzielen.

Durchführung:

- Der Lehrer muss eine gewisse Zeit vor der Klassenarbeit / Prüfung seinen Schülern den Stoff(-umfang) bekanntgeben.
- Sobald die Schüler das Stoffgebiet kennen, das in der Prüfung abgefragt wird, können sie individuell ihr Vorbereitungstagebuch erstellen. Dabei sollen sie ihre individuellen Schwächen / Stärken berücksichtigen sowie ihren Tagesablauf, sämtliche Freizeitaktivitäten, ihren Stundenplan usw.
- Das Stoffgebiet soll mithilfe von Stichworten zusammengefasst und so in eine Art Wochenplan eingearbeitet werden. Hier wird dann bei erledigten Tätigkeiten ein Häkchen gesetzt / eine grüne Markierung eingetragen.
- Darüber hinaus sollten die Schüler täglich festhalten, wie sicher sie sich hinsichtlich der einzelnen Aspekte fühlen.

Beispiel:

Wochenplan für die Vorbereitung der 2. Französischschulaufgabe

<table>
<tr><th>Montag</th><th>Dienstag</th><th>Mittwoch</th><th>Donnerstag</th><th>Freitag</th><th>Samstag</th><th>Sonntag</th><th></th></tr>
<tr><td colspan="7">Mittagessen; Pause</td><td>13–14</td></tr>
<tr><td rowspan="2">Fußball-Training</td><td></td><td></td><td></td><td></td><td></td><td></td><td>14–15</td></tr>
<tr><td></td><td></td><td></td><td></td><td rowspan="2">Fußball-Spiel</td><td></td><td>15–16</td></tr>
<tr><td>Hausaufgaben</td><td>Hausaufgaben</td><td>Hausaufgaben</td><td>Hausaufgaben</td><td>Hausaufgaben</td><td></td><td>16–17</td></tr>
<tr><td rowspan="2">Französisch-Vokabeln</td><td></td><td></td><td>Friseur</td><td></td><td></td><td>Französisch-Wiederholung</td><td>17–18</td></tr>
<tr><td></td><td></td><td>Französisch-Wiederholung</td><td></td><td></td><td></td><td>18–19</td></tr>
<tr><td></td><td>Französisch-Grammatik</td><td></td><td></td><td></td><td></td><td></td><td>19–20</td></tr>
<tr><td></td><td></td><td></td><td></td><td></td><td></td><td></td><td>20–21</td></tr>
</table>

Kurzbeschreibung der Methode:

Dass Gelerntes bzw. zu Lernendes oftmals besser und einprägsamer von „Gleichgesinnten" vermittelt wird, zeigen die vielen Beispiele der Nachhilfe von Schülern für Schüler. Die Methode Lernen durch Lehren (LdL) vereint nicht nur diesen Vorteil mit der Chance für Schüler, selbst Experte für einen Teilbereich eines Themas zu werden, sondern ermöglicht es ihnen auch, wichtige Erfahrungen des Präsentierens, Organisierens und des strukturierten Arbeitens – alleine oder im Team – zu sammeln.

Durchführung:

- Der für den Lehrer aufwendigste Teil einer LdL-Einheit im Unterricht ist die Vorbereitung. Hierbei muss zunächst eine geeignete Themeneinheit ausgewählt werden. Im Französischunterricht bietet es sich an, bei lehrwerkgesteuertem Unterricht eine Lektion für die Methode LdL vorzusehen und zu reservieren.
- Die gewählte Themeneinheit muss in einzelne Unterthemen aufgeteilt werden, wobei jedes später einer Gruppe (ggf. bei komplexeren Grammatikthemen auch zwei Gruppen) zur Bearbeitung zugeteilt wird.
- Der nächste Schritt ist die Verankerung der LdL-Einheit in der globalen Unterrichtsplanung für ein Schul(-halb-)jahr. Dabei gibt es mehrere Varianten: Entweder werden sämtliche Französischstunden in einer oder zwei Schulwochen für die LdL-Einheit eingeplant (dies ist bei lehrwerkgestützten LdL-Einheiten ratsam), oder das Lernen durch Lehren wird über mehrere Wochen hinweg geplant (dies ist eher zu empfehlen bei spezifischen, komplexen Themenstellungen, die weniger auf das Lehrwerk beschränkt sind). Für letztere Variante muss die Lehrkraft genau überlegen, wann sie die LdL-Stunden in den Wochenverlauf integriert.
- Nun muss der Lehrer für jede Gruppe bzw. jede Themen-Untereinheit eine kleine To-do-Liste oder Liste mit Hilfestellungen anfertigen. Auch jene orientiert sich an der generellen Themenstellung und beinhaltet z. B. bei lehrwerkbasierten LdL-Einheiten die Seitenzahlen der relevanten Texte, die Nummern der Übungen dazu, die zu thematisierende Grammatik oder Vokabeln etc. Bei nicht lehrwerkgestützten LdL-Einheiten können auf dieser Liste Quellenangaben für die Recherche stehen, Namen hilfreicher Organisationen und Vereine usw.
- Die Schüler müssen darüber hinaus einen Leitfaden erhalten, wie das Endprodukt auszusehen hat: Wie lange ihre „Unterrichtsstunde" dauern soll, wann sie als Experten bzw. „Lehrer" vor ihren Klassenkameraden stehen usw. Wird eine LdL-Einheit über einen längeren Zeitraum ausgedehnt – wie oben erwähnt – sollten die Schüler schriftlich einen Zeitplan erhalten bzw. an die Pinnwand im Klassenzimmer heften: Hierauf müssen die jeweiligen LdL-Termine eingetragen werden.

Weitere Hinweise:

Für Klassen, die noch nie mit LdL gearbeitet haben, empfiehlt es sich, zunächst eine langsame Hinführung an diese Unterrichtsmethode zu versuchen: Dabei übernehmen Schüler kleinere Bestandteile einer Unterrichtsstunde, wie z. B. die Erklärung neuen Vokabulars usw.

Natürlich muss am Ende der LdL-Einheit eine entsprechende Besprechung erfolgen, wobei sowohl positive als auch negative Aspekte, Anregungen für eine erneute Durchführung einer LdL-Einheit o. Ä. zu thematisieren sind.

Kurzbeschreibung der Methode:

Entweder zu Beginn oder auch am Ende eines Schul(-halb-)jahres kann es oftmals für den Lehrer hilfreich sein, in Erfahrung zu bringen, in welchen Arbeits- und Sozialformen seine Schüler (einer Klasse) gerne Aufgaben bewältigen und welche für sie Schwierigkeiten darstellen. Demzufolge bietet es sich an, Feedback zu unterschiedlichen Arbeits- und Sozialformen von den Schülern einzuholen.

Feedbackbögen

Durchführung:

- Der Lehrer bereitet einen Feedbackbogen zu unterschiedlichen Arbeits- und Sozialformen vor, wobei u. a. auch die Häufigkeit, Bekanntheit o. Ä. der einzelnen Formen beleuchtet werden können.
- Die Schüler bearbeiten den Bogen entweder in der Schule oder zu Hause und geben ihn bei der Lehrkraft ab. Jene wertet die Bögen aus und präsentiert den Schülern in einer der folgenden Stunden die einzelnen Ergebnisse.
- Bei Bedarf kann nun auch im Plenum kurz über die Ergebnisse der Auswertung der Feedbackbögen gesprochen werden.

Beispiel:

Feedbackbogen zu unterschiedlichen Arbeits- und Sozialformen

Bitte gib für jede Arbeitsform an, wie gerne du in betreffender Form arbeitest bzw. ob du sie möglicherweise gar nicht kennst.

Sozial- und Arbeitsformen	mag ich gerne	mag ich nicht	kenne ich nicht
Gruppenarbeit			
Partnerarbeit			
Stillarbeit / Einzelarbeit			
Stationenlernen / Lernzirkel			
Lernen durch Lehren (LdL)			
Referat			
Frontalunterricht / Lehrervortrag			
Rollenspiel			
…			

Gib in der Spalte „Häufigkeit" an, wie oft du in den entsprechenden Arbeitsformen bereits (in früheren Jahren / in anderen Fächern / in diesem Schuljahr / in Französisch) gearbeitet hast, z. B. ein- bis zweimal, mehr als fünfmal etc. In den beiden anderen Spalten gibst du bitte an, ob du dies als „zu selten" oder „zu oft" empfindest.

Häufigkeit der Unterschiedlichen Arbeits- und Sozialformen	Häufigkeit	zu selten	zu oft
Gruppenarbeit			
Partnerarbeit			
Stillarbeit / Einzelarbeit			
Stationenlernen / Lernzirkel			
Lernen durch Lehren (LdL)			
Referat			
Frontalunterricht / Lehrervortrag			
Rollenspiel			

Kurzbeschreibung der Methode:

Oft lässt man sich gerade am Anfang seiner beruflichen Laufbahn als Lehrkraft von den Schülern Rückmeldungen in Form von Zeugnissen geben. Jene sind nicht nur für die bewertete Lehrkraft selbst eine Grundlage, um abschätzen zu können, wie der eigene Unterricht von Seiten der Schüler wahrgenommen wird (hier ergeben sich oftmals große Diskrepanzen zur eigenen Wahrnehmung). Die Zeugnisse für Lehrer sind auch das Signal des Lehrers an die Schüler, dass sie als „Kunden" ernst genommen werden und man Wert darauf legt, für sie die optimalen Lernarrangements zu schaffen.

Zeugnisformulare

Durchführung:

- Am Ende eines Schul(-halb-)jahres teilt die Lehrkraft ein leeres Zeugnisformular aus, in das die Schüler Noten für die entsprechenden Kriterien eintragen.
- Darüber hinaus soll den Schülern die Möglichkeit angeboten werden, eigene Standpunkte frei zu formulieren oder ggf. Erklärungen zu ihrer Benotung zu machen.
- Es ist absolut erforderlich, den Schülern Anonymität zuzusichern, deswegen müssen derartige Lehrerzeugnisse ohne Namensnennung erstellt werden.

Beispiel:

Zeugnis für meine/-n Französischlehrer/-in Herrn/Frau ____________

	Note
Gleichberechtigung aller Schüler/-innen (in- und außerhalb des Unterrichts) Begründung: ____________	☐
Pünktlichkeit Begründung: ____________	☐
Ordentlichkeit Begründung: ____________	☐
Strukturiertheit des Unterrichts Begründung: ____________	☐
Fähigkeit, zu erklären (z. B. Grammatik) Begründung: ____________	☐
Angenehme Stimme Begründung: ____________	☐
Strenge Begründung: ____________	☐
Unterrichtsmethoden Begründung: ____________	☐
Abwechslung im Unterricht Begründung: ____________	☐
Schnelligkeit der Korrektur Begründung: ____________	☐
Verständlichkeit der Aufgaben (u. a. auch in Leistungserhebungen) Begründung: ____________	☐
Schwierigkeitsgrad der Aufgaben in Leistungserhebungen Begründung: ____________	☐
Gerechtigkeit der Notengebung Begründung: ____________	☐
Nachvollziehbarkeit der Notengebung Begründung: ____________	☐

Eigene Anmerkungen: ____________

6.7 Feedback: Lernrad

variabel | ab 3. Lj.

Kurzbeschreibung der Methode:

Die Feedback-Methode des Lernrads eignet sich besonders gut, um individuelle Rückmeldungen von Schülern nach einer Themen- / Unterrichtseinheit einzuholen und gezielt an den jeweiligen Schwächen Einzelner zu arbeiten oder, falls mehrheitlich in einer Klasse ein und dasselbe Problem auftritt, eine kurze Wiederholung oder Rückschau einzuplanen.

Arbeitsblätter mit Rad

Durchführung:

- Der Lehrer teilt den Schülern am Ende einer Themeneinheit im Unterricht ein Arbeitsblatt aus, auf dem ein Rad eingezeichnet ist. Die Anzahl der unterteilten Flächen innerhalb des Rads spiegelt dabei die Anzahl der Unterrichtsstunden wieder, die für eine bestimmte Einheit beansprucht wurde.
- Die Schüler tragen am Ende jeder Unterrichtsstunde eines Themenblocks die Aspekte ein, die sie verstanden haben (äußerer Kreis) sowie jene, die für sie noch unklar sind bzw. Fragen, die sie zur besprochenen Thematik haben (innerer Kreis).
- Sollten sich dann z. B. Fragen der Schüler aus vorhergehenden Stunden geklärt haben, können die Schüler jene wegstreichen / ausradieren.
- Am Ende der Unterrichtseinheit sammelt der Lehrer die ausgefüllten Arbeitsblätter mit den Lernrädern ein, wertet die Ergebnisse aus, und entscheidet dann, ob er entweder mit einzelnen Schülern konkret ihre jeweiligen Probleme bespricht oder ggf. eine kurze Wiederholungseinheit in seinen Unterrichtsplan einarbeitet.

Beispiel:

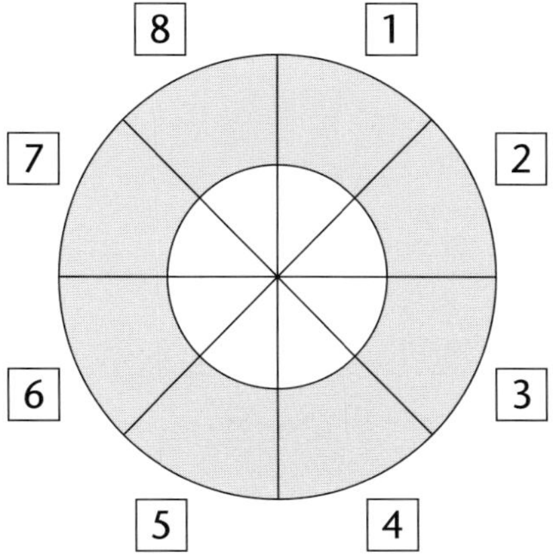

6.8 Fortlaufende Evaluation einer Gruppenarbeit

variabel

ab 3. Lj.

Kurzbeschreibung der Methode:

Insbesondere bei Gruppenarbeiten stellt sich für Lehrkräfte stets die Frage der Gruppenzusammensetzung. Oft gilt es dabei, besondere Konstellationen innerhalb einer Klasse zu berücksichtigen bzw. gezielt zu vermeiden: Schüler, die sich persönlich nicht vertragen; Schüler, die ein sehr großes Leistungsgefälle trennt usw. Ein zweiter Unsicherheitsfaktor für Lehrkräfte bei der Gruppenarbeit ist deren Effektivität, insbesondere im Vorbereitungsprozess des Endproduktes, weil die Lehrkraft nie bei allen Gruppen die Arbeitsabläufe beobachten kann und keinen Einblick in die persönlichen Empfindungen der Schüler erhält.

Feedbackbögen

Durchführung:

- Damit Lehrkräfte individuelle Eindrücke und Rückmeldungen zu den Arbeitsprozessen innerhalb einer Gruppenarbeit – insbesondere einer größer angelegten und demzufolge mehrere Unterrichtsstunden andauernden – erhalten, empfiehlt sich eine fortlaufende Rückmeldung jedes Schülers zu den Arbeitsprozessen.
- Dies geschieht mithilfe eines Feedbackbogens, das jeder Schüler für jede Unterrichtsstunde, in der die Gruppenarbeit durchgeführt wird, neu ausfüllen muss.
- Die Lehrkraft sammelt am Ende jeder Arbeitsphase der Gruppenarbeit die Feedbackzettel ein, nimmt Notiz davon und kann auf dieser Grundlage in Zukunft entweder Aufgabenstellungen modifizieren / anders stellen, Schüler anders in Gruppen zusammenführen usw.

Beispiel:

Wie würdest du euren Arbeitsprozess in der heutigen Unterrichtsstunde beschreiben? Setze ein Kreuz beim entsprechenden Smiley.

	☺	😐	☹
Wir waren heute fleißig und haben viel geschafft.			
Wir haben gut zusammengearbeitet.			
Wir haben unser Tages-Arbeits-Ziel erreicht.			
Ich hatte heute Spaß beim Arbeiten.			
Ich habe mich heute gut mit den anderen verstanden.			
Ich habe mein persönliches Tages-Arbeits-Ziel erreicht.			

Kurzbeschreibung der Methode:

In einem Portfolio werden die Schriftstücke abgeheftet, die die Schüler im Laufe eines Schuljahres (bzw. mehrerer Schuljahre) produzieren. Zum einen ermöglicht das Portfolio einen Überblick über die unterschiedlichen Aufgabenstellungen (der Textproduktion), die der Schüler bereits bearbeitet hat bzw. worüber er Bescheid weiß; zum anderen kann das Portfolio der Leistungsbeurteilung dienen.

evtl. Arbeitsblätter zur Reflexion

Durchführung:

- Die Lehrkraft muss den Schülern die Arbeit mit dem Portfolio, insbesondere als Grundlage einer Note, explizit erklären. Dabei sind die unterschiedlichen Bewertungskriterien transparent zu machen. Mögliche Bewertungskriterien könnten z. B. sein: Teilnoten auf die einzelnen Produkte innerhalb des Portfolios; Smileys oder andere grafische Symbole, von denen eine bestimmte Anzahl eine bestimmte Note ergibt.
- Die Schüler sollten zunächst sämtliche Textproduktionen, Poster usw. in einer Mappe aufheben. Damit jene ins Portfolio kommen können, muss ein Lernfortschritt erkennbar sein, d. h. fehlerhafte Textproduktionen sind (so lange) zu verbessern, bis sie einwandfrei sind und somit im Portfolio abgeheftet werden können.
- Es ist wichtig, dass die Schüler die einzelnen Schritte bis zum „perfekten" Text mit dokumentieren, d. h. sämtliche überarbeitete Versionen einer Textproduktion ins Portfolio übernehmen.
- Den Abschluss für einen Bestandteil des Portfolios – bzw. für ein Schreibprodukt – bildet eine Seite, auf der der Schüler eine Reflexion zum jeweiligen Produkt erstellen muss. Jene soll kriteriengelenkt erfolgen. Insbesondere jüngere Schüler tun sich hierbei wesentlich leichter, wenn sie auf einem – vom Lehrer – vorgefertigten Arbeitsblatt Häkchen setzen oder Punkte vergeben müssen.
- Nun muss die Lehrkraft das Portfolio des Schülers bewerten, anhand des anfangs vorgestellten und für die Arbeiten gültigen Kriterienkatalogs.
- In einem letzten Schritt muss der Lehrer mit jedem Schüler einzeln über sein Portfolio sprechen und ihm die Bewertung transparent machen.

Kurzbeschreibung der Methode:

Viele der unterschiedlichsten Leistungen, die Schüler im Schulalltag erbringen müssen, ziehen eine Benotung durch die Lehrkraft nach sich. Dabei kommt es oftmals vor, dass sich Schüler untereinander anders bewerten und benoten würden, als die Lehrkraft das tut. Die Methode der Kooperativen Bewertung bietet zwei Vorteile. Zum einen erhält der Lehrer Aufschluss darüber, wie die Schüler die betreffende Leistung einstufen, und kann daraus oftmals Hilfestellung für seine eigene Bewertung ableiten. Zum anderen lernen die Schüler, objektiver zu werden und kriterienorientiert zu bewerten und, demzufolge, auch zu arbeiten und so ihre Leistungen zielgerichteter zu erbringen.

Durchführung:

- Die Schüler erarbeiten zunächst in Kleingruppen (zwei bis fünf Schüler) einen Kriterienkatalog, anhand dessen sie eine Note für z. B. eine Buchvorstellung, eine Präsentation, ein Schreibprodukt o. Ä. vergeben sollen.
- Die einzelnen Kriterien werden dann in eine Tabelle übertragen und es wird entweder eine Abstufung nach Notenstufen oder nach Punkten vorgenommen. Eine derartige Tabelle mit Punkteverteilung könnte folgendermaßen aussehen:

Kriterien	**5 Punkte** (Kriterium voll und ganz erfüllt)	**4 Punkte** (Kriterium erfüllt)	**3 Punkte** (Kriterium zum Teil erfüllt)	**2 Punkte** (Kriterium weniger erfüllt)	**1 Punkt** (Kriterium kaum erfüllt)	**0 Punkte** (Kriterium nicht erfüllt)
Inhalt • Wichtigste Informationen enthalten • Hinführung zum Thema • Anschauliche Beispiele …	O O O	O O O	O O O	O O O	O O O	O O O
Struktur • Überschaubarkeit • Gliederung präsentiert • Roter Faden erkennbar …	O O O	O O O	O O O	O O O	O O O	O O O
Sprache • Verständlichkeit • Wenig Fehler • Deutlichkeit • Sprechtempo …	O O O O	O O O O	O O O O	O O O O	O O O O	O O O O
Medien • Folien • Tafelbild • Powerpoint …	O O O	O O O	O O O	O O O	O O O	O O O
Einbezug der Zuhörer • Direkt angesprochen • Zeit zum Reagieren lassen • Nachfragen …	O O O	O O O	O O O	O O O	O O O	O O O

- Im Anschluss an eine entsprechende Präsentation müssen die Schüler individuell eine Bewertung des Gesehenen vornehmen, die Punkte addieren und nach einem Punkteschlüssel in Noten umwandeln, z.B. 32–28 Punkte = 1; 27–24 Punkte = 2; 23–20 Punkte = 3; 19-16 Punkte = 4 …
- Danach werden die Punkte sowie die Noten in der Kleingruppe verglichen. Sollte es größere Abweichungen geben, müssen jene selbstverständlich besprochen werden. Das Ergebnis der Gruppenbesprechung wird auf einem extra Bewertungsbogen festgehalten, welcher identisch ist mit dem, den jeder Schüler individuell auszufüllen hatte.
- Am Ende der Bewertungsphase stellen die Schüler im Plenum die Note vor, mit der sie die entsprechende Leistung bewerten würden, und begründen ihre Entscheidung. Die Lehrkraft sollte sich hier entweder Notizen anfertigen oder die Gruppenbewertungsbögen einsammeln. In manchen Klassen sollte man evtl. auf die Plenumsphase verzichten und die Gruppenbögen nur einsammeln.
- In der nachfolgenden Stunde soll der Lehrer dem Schüler die Note eröffnen. Ist jener einverstanden, sollte im Plenum besprochen werden, welche Kriterien die Lehrkraft zur entsprechenden Bewertung veranlasst haben. Im selben Zug sollte der Lehrer den Schülern mitteilen, welche Schülerbewertungen identisch mit der Lehrerbewertung waren sowie welche davon abweichen. Im letzteren Fall müssen die Abweichungen auf jeden Fall erläutert werden.

Kurzbeschreibung der Methode:

Gerade bei der Bewertung des Engagements der Schüler im Zuge des Unterrichts treten oftmals Schwierigkeiten zutage: Wurde(n) die Äußerung(en) des Schülers angemessen gewürdigt? War(en) die Äußerung(en) des Schülers inhaltlich angemessen? Hat sich der Schüler punktuell am Unterrichtsgeschehen aktiv beteiligt oder zeichnet er sich durch ein beständig, gleichbleibend hohes Engagement aus etc.? Bei Klassenstärken von bis zu 33 Schülern sowie aufgrund der schulorganisatorischen Gegebenheiten wie z. B. Veranstaltungen, Fahrten etc., fehlen zum Notentermin oftmals Noten für die Unterrichtsbeteiligung einzelner Schüler. Somit bietet sich eine kontinuierliche Beobachtung der Schüler an.

Durchführung:

- Die Kontinuierliche Beobachtung als Form der Beurteilung der Unterrichtsbeteiligung von Schülern ist relativ einfach umzusetzen und bedarf keines großen Vorbereitungsaufwands.
- Das einzige, worüber sich jede Lehrkraft im Klaren sein muss, ist das System, Leistungen zu vermerken. Dies kann über „+" oder „–" erfolgen, über Punkte o. Ä.
- Tritt ein Schüler im Laufe einer Unterrichtsstunde (positiv / negativ) in Erscheinung, wird dies entweder auf dem Sitzplan oder auf einer Klassenliste vermerkt, wobei die Lehrkraft hier stets das Datum eintragen muss und ggf. auch die Leistung, die erbracht wurde (mündlicher Beitrag, Hausaufgabenverbesserung mit der Klasse, …).
- Zu einem zu Beginn des Beurteilungszeitraums (meist ein Halbjahr) festgelegten Termin soll die Lehrkraft den Schülern diese Note eröffnen, die auf der Grundlage der einzelnen, notierten Aspekte gebildet wird.

Weitere Hinweise:

Ist ein Schüler über einen längeren Zeitraum krank bzw. handelt es sich um schüchterne, generell etwas zurückhaltend-passive Schüler, kann es sein, dass die Lehrkraft zusätzliche Optionen anbieten muss, auf deren Grundlage eine Note der Unterrichtsbeteiligung gebildet wird.

Kurzbeschreibung der Methode:

Im Zuge der Notengebung und Beurteilung von Schülerleistungen ist es zunehmend wichtig, nicht nur das Endprodukt als Schülerleistung zu bewerten, sondern auch den Weg zu einem Produkt des Lernens angemessen zu würdigen. Dazu bieten sich Beobachtungsbögen an.

Beobachtungsbögen

Durchführung:

- Das Lern- und Arbeitsverhalten von Schülern kann von Lehrern besonders gut in Phasen freien, nicht lehrergelenkten Arbeitens beobachtet und beschrieben werden, z. B. bei Stillarbeit oder Stationenlernen.
- Jede Lehrkraft sollte sich einen Bogen überlegen, mithilfe dessen sie das Lern- und Arbeitsverhalten individueller Schüler für sich am geeignetsten und einfachsten beurteilen kann. Komponenten des Lern- und Arbeitsverhaltens können dabei auch die Befolgung von Regeln, die Heftführung oder das allgemeine Betragen im Klassenverband sein.
- Die Beobachtung kann sowohl begrenzt auf einen Tag bzw. eine / mehrere Unterrichtsstunde(n) erfolgen als auch über einen längeren (Projekt-)Zeitraum hinweg. Die Anzahl der – / o / +-Vermerke müssen dann entsprechend in eine Note umgewandelt werden.

Beispiel:

Beobachtungsbogen

für das Lern- und Arbeitsverhalten des Schülers / der Schülerin ______________
im Zeitraum vom ______________ bzw. am ______________.

(Name des Schülers / der Schülerin hier einsetzen) …

			–	O	+	**Ergänzungen**
Stationenlernen	**a.**	erledigt die einzelnen Aufgaben in angemessenem Tempo.				
	b.	arbeitet effizient und lösungsorientiert.				
	c.	kontrolliert die Aufgaben gewissenhaft.				
Stillarbeit	**a.**	arbeitet konzentriert.				
	b.	arbeitet in angemessenem Tempo.				
	c.	kann auch schwierige Aufgabenstellungen eigenständig lösen.				
Heftführung	**a.**	notiert Ergebnisse etc. gewissenhaft.				
	b.	dokumentiert Unterrichtsergebnisse sauber und übersichtlich.				
	c.	hat eine schöne, gut leserliche Schrift.				
Arbeitsweise	**a.**	hält sich strikt an vereinbarte Regeln.				
	b.	setzt geforderte Aufgabenstellungen präzise um.				
	c.	stört das Arbeiten / Lernen der anderen nicht.				

Kurzbeschreibung der Methode:

Projekte sind im Schulalltag v. a. in Fremdsprachen keine Ausnahme mehr, sondern gehören zum ganz normalen Unterrichtsalltag, wobei sich hierbei vielfältige Möglichkeiten der Notenbildung anbieten. Neben der Bewertung des Lern- und Arbeitsverhaltens (siehe Kapitel 7.4) kann auch das Endprodukt eines Projekts, die Projektmappe, zu einer (Teil-)Note führen.

Kriterienkataloge

Durchführung:

Für die Bewertung einer Projektmappe muss der Lehrer entweder alleine oder im Plenum und in Absprache mit den Schülern, die in eine Projektphase starten, einen Kriterienkatalog vorlegen, der transparent und nachvollziehbar gestaltet ist – nicht nur für Lehrer und Schüler, auch für die Eltern zu Hause, die keinen Einblick in die unterrichtlichen Bestandteile der Projektphase bzw. des Projekts haben.
Die Projektmappe ist ein Kompendium aller Arbeiten bzw. Einzelbausteine, die im Zuge des Projekts erbracht wurden: Titelblatt mit Themenstellung, Gliederung, Ausformulierung bzw. Beschreibung des Projekts, Bilder, Evaluation des Projekts durch die Verfasser der Mappe selbst, Bewertung des eigenen Anteils am Projekt durch die Klassenkameraden (evtl. mithilfe eines Feedbackbogens), Quellenverzeichnis etc.

Beispiel:

	nicht gegeben	nur ansatzweise *(z. B. 2 von 7)*	etwa zur Hälfte realisiert	größtenteils realisiert	vollständig realisiert
Vollständigkeit des Inhalts	0	1	2	3	4
Gliederung	0	1	2	3	4
Eigenständigkeit der Formulierungen	0	1	2	3	4
Kreativität / Originalität	0	1	2	3	4
Rechtschreibung einwandfrei	0	1	2	3	4
…	0	1	2	3	4

Die Summe der Punkte wird addiert und nach einem selbst gewählten Notenschlüssel in eine entsprechende (Teil-)Note für die Projektmappe der Schüler umgewandelt.

Kurzbeschreibung der Methode:

Nicht nur für Schüler, auch für deren Eltern ist die Notengebung insbesondere in Fremdsprachen oft schwer nachvollziehbar und Fort- oder ggf. auch Rückschritte kaum abzuschätzen. Während Einzelnoten nur eng umgrenzte, konkrete Leistungen in Ziffern ausdrücken und eine Verbesserung oder Verschlechterung der Noten nicht nur von der Lernkompetenz und dem Verständnis der Schüler abhängt, kann ein regelmäßiger Lernentwicklungsbericht zusätzliche Klarheit schaffen über die Fortschritte der Schüler im Fremdsprachenlernen.

Lernentwicklungsberichte

Durchführung:

In festgesetzten Zeitabständen erhalten die Schüler und Eltern einen Lernentwicklungsbericht, der keinerlei Benotung beinhaltet. Somit können sie nachvollziehen, wie sich die Leistungen des Schülers in den einzelnen Bereichen des Fremdsprachenerwerbs über ein (oder mehrere) Schuljahr(e) hinweg entwickeln.
Die Lernentwicklungsberichte müssen von den Lehrkräften gestaltet werden und enthalten unterschiedliche Aspekte zu den Teilbereichen des Fremdsprachenlernens. Bewertet werden die Teilbereiche jeweils mit einer Einstufung der individuellen Leistungen eines Schülers auf einer Skala.

Beispiel:

	1 (sehr unsicher) >>**10** (sehr sicher)
Sprache und Sprachgebrauch	
Du kannst gesprochene Sprache verstehen und angemessen reagieren.	1 2 3 4 5 6 7 8 9 10
Du kennst viele Wörter und kannst Wörter umschreiben, die du noch nicht kennst.	1 2 3 4 5 6 7 8 9 10
…	
Lesekompetenz	
Du verstehst französische Texte und kannst Fragen dazu beantworten.	1 2 3 4 5 6 7 8 9 10
Du kannst die wichtigsten Informationen aus schwierigen Texten entnehmen.	1 2 3 4 5 6 7 8 9 10
…	
Hörverstehen	
Du kannst aus Gehörtem detaillierte Informationen herausfiltern.	1 2 3 4 5 6 7 8 9 10
Du kannst längeren Vorträgen folgen und sie zusammenfassen.	1 2 3 4 5 6 7 8 9 10
…	
Schreibkompetenz	
Du kannst Texte unterschiedlicher Art verfassen und berücksichtigst dabei die jeweiligen formalen Aspekte.	1 2 3 4 5 6 7 8 9 10
Du kannst deine Gedanken verständlich in schriftlicher Form ausdrücken.	1 2 3 4 5 6 7 8 9 10
…	
Verhalten im Unterricht	
Du bist im Unterricht aufmerksam und arbeitest mit.	1 2 3 4 5 6 7 8 9 10
Du erledigst Aufgabenstellungen gewissenhaft.	1 2 3 4 5 6 7 8 9 10
…	

Jederzeit optimal vorbereitet in den Unterricht?

»